わかる！ 取り組む！
新・災害と防災

5 土砂災害・竜巻・豪雪

帝国書院

はじめに

　2011年3月、東日本を大きな地震と津波が襲い、東北地方の太平洋沿岸部は壊滅的な被害を受け、多くの犠牲者を出しました。日本ではその後もさまざまな自然災害が発生しましたが、近年においても平成30年7月豪雨(2018年)、令和元年東日本台風(2019年)、令和2年7月豪雨(2020年)など、毎年のように大きな水害が発生しています。また、冬期には交通機関がストップするような大雪があり、気象災害は激しさを増しています。そして南海トラフ巨大地震や首都直下地震など、遠くない将来に発生が心配される大きな地震や津波もあります。この本の発刊直前には、令和6年能登半島地震(2024年)が発生しました。

　私たちが暮らす日本では、これまでも大きな自然災害の発生と被害からの復興を繰り返しながら生活してきました。もはや、自然災害は自分には関係ないこととはいえず、いつか起こることとして考えるべき状況といえるでしょう。では、災害が起こったときにどうしたら生きのびることができるでしょうか。被害を最小限にとどめることができるのでしょうか。もし本当に災害にあってしまったら、私たちはどうしたらよいのでしょうか。

　古来、日本人がどのように自然災害と向き合い、乗り越えてきたのかを先人から学ぶことは、その手がかりの一つとなることでしょう。しかし、科学技術がどれほど発達しても、災害を引き起こす自然現象を正確に予知することは難しく、ましてやそうした自然現象自体を止めることは不可能です。この事実を受け止めたとき、重要なのは私たち一人ひとりの考えと行動です。今回新たに発行された『わかる！ 取り組む！ 新・災害と防災』は、過去に起こった災害の記憶や教訓を風化させることなく、読者のみなさんが「自分ごと」として取り組むことを目指しています。自然災害を正しく理解し、みなさん一人ひとりの防災に対する見方・考え方を育んでほしいと願っています。

　さあ、私たちの未来のためにページをめくってみましょう。

2024年1月　帝国書院編集部

本の構成

基 礎 ➡ 事 例 ➡ 対 策

災害が起こるしくみを
わかりやすく解説しています。

どのような災害・被害が起こったのか、
具体的に紹介しています。

災害からの被害を防ぐにはどうすればよ
いか、解説しています。また、各地で行
われている実践例も紹介しています。

ページの構成

災害のようすを
表すわかりやす
い写真などを掲
載しています。

本文に関する
地図や図版を
多数掲載して
います。

災害を実際に体
験した方々の話
を「体験者の声」
として紹介して
います。
ほかにも歴史や
教訓を紹介する
コラムを多数掲
載しています。

関連するページ
が書いてありま
す。あわせて読
んでみましょう。

その他

クローズアップ

災害を乗りこえてきた人々
の具体的な生活や活動を
紹介しています。

アクティビティ

本巻で得た知識をもとに
して実際に災害が起こった
ことを想定し、自分ならそ
のときどのような行動をと
るか作業をしながら考える
ページです。

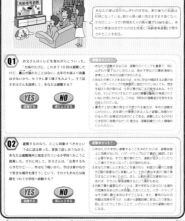

「クロスロード」
に挑戦！
災害時、判断が
分かれる場面で
自分ならどう行
動するのか考え
てみましょう。

もくじ

① 土砂災害
基礎 事例 対策

アクティビティ

② 竜巻による被害
基礎 事例 対策

③ 豪雪による被害
基礎 事例 対策

クローズアップ

※各ページの「ここも見てみよう」の⏺は用語解説を参照。

『新・災害と防災』 ほかの巻のもくじ

▲大量の土砂が流入した街(広島県 広島市安芸区)
　平成30年7月豪雨により中国・四国地方を中心に被害をもたらし、全国で200人以上もの命がうばわれた。

繰り返し襲う
土砂災害・
竜巻・豪雪

▶竜巻に襲われた住宅街
（茨城県 つくば市）
2012年5月、竜巻がつくば市の住宅街を襲った。竜巻は家屋の屋根や窓ガラスを吹き飛ばし、その被害は帯状に広がった。

◀大雪により高速道路で立往生した
　車の列(福井県 福井市)
2020年12月から翌年1月にかけて、北日本から西日本の日本海側で大雪が発生した。各地で大規模な停電や断水が発生しただけでなく、除雪作業中の事故などによるこのときの冬の死者数は全国で100人を上回った。

102.2

ここも見てみよう 広島市の土石流➡ p.12−13、つくば市の竜巻➡ p.24−25、日本海側の大雪➡ p.33

北海道

日本海

本州

太

平

四国

九州

洋

土砂災害と日本の自然環境

▲人工衛星がとらえた日本列島

土砂災害の多い日本の地形

上の画像は、人工衛星画像を加工した日本の姿です。四つの大きな島をはじめとする島々は、複雑な形をした海岸線でふちどられて並んでいます。画像のなかでは国土のほとんどは濃い緑色にみえる山地や丘陵で覆われ、薄い茶色の平野は海岸沿いや川沿いにわずかにあるだけです。日本はこのように起伏に富んだ美しい国土をもつ一方で、世界のなかでも土砂災害が非常に多い国の一つです。近年は平均して毎年1400件以上の土砂災害が起きています。土砂災害というのは、山や崖などの斜面が崩れて、人々の住む家を壊したり命をうばったりする災害です。また、道路や鉄道を寸断して長期間にわたる被害をもたらすこともあります。こうした災害は、日本の地形や気候の特徴と深く関係しているといえますが、その様子を詳しくみてみましょう。

日本の国土は全体的に山地が多く、標高が3000mを超える日本アルプスをはじめ、多くの山脈がつらなっていま

す。これらの険しい山々は、断層運動などの地殻変動で地面が持ち上げられ、川のはたらきで谷がけずられたもので斜面がもろくなっています。また、長く裾野を引く富士山をはじめ、火山も各地にたくさんみられます。火山は、噴火により地下からもたらされた溶岩や岩のかけらでできていて不安定です。こうした山々は、雨水を含むと崩れやすい性質のものが多くなっています。

日本の地形を面積別にみてみると、全体の約4分の3が山地で、平野は台地と低地をあわせても約4分の1しかありません。おもな平野は海岸や川沿いにありますが、多くは山地と盆地と平野がこまぎれになって組み合わさっている状態で、数は多いものの、広大な平野はわずかしかありません。また、人口の分布をみると、平野にその約80％が集中していて、面積では全体に占める割合の少ない平野に、より多くの人々が集まって住んでいることになります。そして、平野がせまいところでは、山のふもとの傾斜地に住む人々も多くなっています。

日本の川は、このような山々から水を集めて海に注ぎ

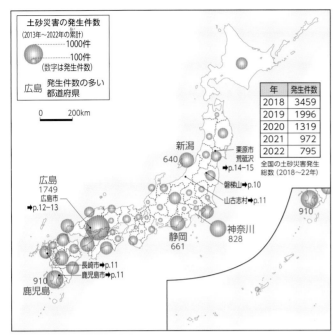

土砂災害の発生件数
(2013年〜2022年の累計)
— 1000件
— 100件
(数字は発生件数)

広島　発生件数の多い都道府県

0　　200km

年	発生件数
2018	3459
2019	1996
2020	1319
2021	972
2022	795

全国の土砂災害発生総数 (2018〜22年)

新潟 640
栗原市 荒砥沢 ➡p.14-15
磐梯山➡p.10
山古志村➡p.11

広島 1749
広島市 ➡p.12-13

910

神奈川 828

静岡 661

長崎市 ➡p.11
鹿児島市 ➡p.11
910
鹿児島

▲都道府県別土砂災害の発生件数 (2013〜2022年の累計)〈国土交通省資料〉

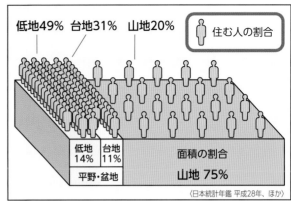

低地49%　台地31%　山地20%　　　　住む人の割合

| 低地 14% | 台地 11% | 面積の割合 |
| 平野・盆地 | | 山地 75% |

〈日本統計年鑑 平成28年、ほか〉

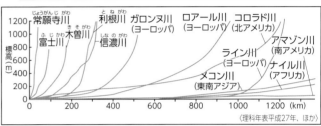

常願寺川　利根川　ガロンヌ川(ヨーロッパ)　ロアール川(ヨーロッパ)　コロラド川(北アメリカ)
木曽川　富士川　信濃川　ライン川(ヨーロッパ)　アマゾン川(南アメリカ)　メコン川(東南アジア)　ナイル川(アフリカ)

標高(m) 1200 1000 800 600 400 200 0
0　200　400　600　800　1000　1200 (km)

〈理科年表平成27年、ほか〉

▲日本の地形別の人口(上)、大陸にある川と日本の川の比較(下)

基礎

ますが、標高の高いところから海までの距離が短いため、長さが短く急流が多いのが特徴です。ライン川やメコン川など大陸の川とくらべてみると勾配がきつく、日本の川を滝のようだと表現した明治時代の外国人もいました。川の流れが速いほど、川底や岸をけずる力や土砂を運搬する力も強くなります。山からけずりとられた土砂が下流に運ばれて、積もってできたのが日本の平野です。

土砂災害を引き起こす降水・地震・火山

日本で、土砂災害を引き起こす大きな引きがね となるものの一つは雨です。周辺の日本海や太平洋などから、季節風によって大量の水蒸気がもたらされるため、雨や雪が多くなっています。日本の年間平均降水量は約1700mmで、世界の平均は約970mmなので、日本は世界のなかでも特に降水量の多い国といえます。梅雨や台風などの時期にまとまって大量に降ることが日本の雨の特徴です。このため、土砂災害も梅雨や台風、秋雨の季節に起こりやすくなっています。台風は、一年に平均10個が日本に上陸して、土砂災害以外にもさまざまな災害をもたらしています。また、日本には雪の降る地方も多く、北陸地方や東北地方・北海道の日本海側は世界でも有数の豪雪地帯です。そのため、春になると なだれ の被害のほか、

山間部では大量の雪どけ水がもたらされ、土砂災害の原因となることがあります。さらに、近年は気候変動の影響で強い雨が降りやすくなったともいわれています。

一方、日本列島は、ユーラシア大陸をつくるプレートと太平洋の海底をつくるプレートなどの複数のプレートがぶつかり合うプレートの境界にあるので、地殻変動がさかんです。このため地震が多く発生し、火山も各地に分布しています。土砂災害は、地震のゆれによる土砂崩れなどに加えて、火山の噴火に伴う山崩れや土石流によっても発生します。火山が多いことで、温泉や地熱などの恵みをもつ日本ですが、同時に土砂による災害も多くなっているのです。

こうした日本の自然環境の特色は、さまざまな場所で土砂災害が発生し、大きな被害となる可能性があることを示しています。それは私たちが生活しているところで、自然の現象が起こるからでもあります。人間の住んでいない、利用されていない土地で川があふれたり、崖が崩れたりするのは「自然現象」であり、人間社会に被害がなければ「自然災害」とはなりません。せまい国土に多くの人口をかかえる日本は、緑豊かな山々や豊富な水などの自然に恵まれていると同時に、残念ながら自然災害を受けやすいところでもあるということを忘れないようにしましょう。

ここも見てみよう　山地、山脈、丘陵、台地➡ p.43用、平野、盆地、低地、日本アルプス➡ p.44用、地殻変動➡ 1巻 p.8−9

土砂災害の発生

土砂災害とその種類

　土砂災害とは、斜面を土砂が移動して下方に押し寄せ、建物を壊したり、道路や田畑を埋めてしまったりして、人々の生活に被害を与えることです。ひとくちに「斜面を土砂が移動する」といっても、実際にはいろいろな種類があります。土砂がゆっくり動くもの、早く動くもの、落ちていくもの、すべっていくもの、川のように流れていくものなどさまざまですが、大きくは「崖崩れ」、「地すべり」、「土石流」の三つに分けられます。それぞれどのような現象なのか、みてみましょう。

　「崖崩れ」（急傾斜地の崩壊）は、急な斜面の地表に近い部分が、ばらばらの状態で一瞬のうちに斜面から落ちていくものです。水が地中にしみこむと土がやわらかくなるので、傾きがおよそ30度以上の斜面（急傾斜地）では、大雨や地震などで崖崩れが起こりやすくなります。これらは突然発生するため、人家の近くで起きると被害も大きくなりますA。

　「地すべり」は、地中にしみこんだ大量の雨などが、水を通しにくい地層（粘土層）の上にたまり、上の地面をすべり動かす現象です。勾配が30度よりゆるやかな斜面でも、起こることがあります。地面が家や木をのせたまま、斜面の下の方にすべって動いてしまうこともあり、いったん動き出すと完全に止めることはきわめて困難です。地すべりは、このような粘土層をつくりやすい岩石があるところに多く、特定の地質で多く発生する関係で、同じところで繰り返し発生するおそれがありますB。

　「土石流」は、山の中の勾配が急な谷底にたまっていた土砂が、川の水といっしょに一気に流れ下るものです。規模によって異なるものの時速20〜40㎞の速さで、ふだんは動かないような大きな岩も流れてくるため、破壊力があり、山津波などとよばれる場合もあります。谷の出口付近では、流れてきた土砂が広がって大きな被害を及ぼすことがありますC。

　これらの現象は、大雨や地震などが引きがねとなって起こるほか、火山の噴火の際に土砂が一気に動いて起こることがあります。明治時代の1888年に福島県の磐梯山が噴火した際に、北側の斜面が大きく崩れ落ちて岩なだれがふもとの村々を襲い、埋没させてしまいました。また、これにより川がせき止められて、桧原湖や五色沼などの

A	B	C
崖崩れ	地すべり	土石流

▲崖崩れ・地すべり・土石流の模式図

多くの湖ができました。しかし、土砂災害の原因の内訳（うちわけ）として最も多いのは、台風や梅雨（つゆ）の時期の集中豪雨（ごうう）によるもので、日本では、ほぼすべての都道府県で土砂災害が起きる可能性があります。

全国でみられる土砂災害

　これまで日本では、毎年のように土砂災害が起こり、多くの人々の命も失われてきました。崖崩れの被害は、各地の急傾斜地で起こっています。1993年8月に、鹿児島県鹿児島市で42時間に260㎜を超える大雨が降りました。市街地の背後には、シラスという火山の噴火で火山灰（はい）や軽石が積もった地層（かざん）の高い崖があります。大量の雨水を含んでもろくなったその崖が崩れて、家や道路が押しつぶされました。押し寄せた土砂で道路や鉄道が寸断（すんだん）されて、車や列車の乗客、住民の約3000人が完全に孤立（こりつ）してしまう被害となりました。

　地すべりは、地震でも発生しています。2004年の新潟県中越地震（ちゅうえつ）では、新潟県山古志村（現在は長岡市）（ながおか）の山地で無数の地すべりが起こりました。なかにはすべってきた土砂が川をせき止め、水没（すいぼつ）した家もあり、また道路があちこちで通行止めになったりしました。ここは、もともと地すべりを起こしやすい、やわらかい砂（すな）と粘土の地層からなる山地で、かつての地すべりでできた傾斜のゆるい場所に、その後も家や水田がつくられていました。名産の錦（にしき）ごいの養殖池（ようしょく）などもありましたが、地すべりの被害にあったため地域（ちいき）の経済（けいざい）に大きな影響（えいきょう）を与えました。また、地すべりによる大量の土砂が、芋川（いもがわ）などの河川をせき止めてあちこちに天然ダムが発生しました。天然ダムは、決壊（けっかい）すると多量の水が一気に流れて大きな被害になるおそれがあります。決壊に備えて住民の避難（ひなん）や厳しい監視（きび）（かんし）が続けられたほか、

ポンプによる排水（はいすい）で水を減らす対策（たいさく）もとられました。

　土石流による災害は、1982年7月、梅雨の終わりの豪雨により、長崎県長崎市内で大規模に発生しました。これにより、県内の死者・行方不明者が299人という大災害となりました。長崎市は、山の斜面が海にせまっている「坂の町」で、多くの住宅（じゅうたく）は斜面につくられています。10日ほど雨が降り続いたあとに、1時間に100㎜以上の集中豪雨となり、至るところで土石流が起きました。そのため、住宅地に大きな石や流されてきた木が押し寄せて、建物は完全に壊されてしまいました。

　このほか、人工的に造成された斜面でも土砂災害が起きています。丘陵地（きゅうりょうち）などの斜面を造成して住宅地をつくる際に、谷のあったところや斜面の一部などに盛り土（も）をして、平らな土地やひな壇状（だん）の土地をつくり、住宅を建てる場合があります。そのような場所で地震があったときに、となりの家は被害を受けなかったのに、盛り土をして造成した場所の家だけが被害を受けることがあります。1995年の兵庫県南部地震や2004年の新潟県中越地震、2011年の東北地方太平洋沖地震（おき）などで、そのような宅地造成地（たくち）の被害がみられました。自然の地盤（じばん）と比べると、盛り土でつくられた土地は地盤が弱かったのです。

▲天然ダム（新潟県 山古志村 2004年11月）

基礎

ここも見てみよう　地すべり➡p.14-15、18-19、43用、土石流➡p.12-13、44用、シラス台地、丘陵➡p.43用、山地➡p.8-9、43用、盛り土➡p.44用、磐梯山➡3巻p.13、新潟県中越地震➡1巻p.16、造成地の地盤災害➡1巻p.23

広島県広島市
土石流による被害

▲土石流が発生した山のふもとの住宅地（広島市安佐南区 2014年8月）

繰り返す土砂災害

　広島県広島市は、太田川河口の三角州に市街地が広がっています。原爆ドームや平和記念資料館、広島城などがあるのもこの三角州の上です。第二次世界大戦後、広島市の人口がしだいに増え、市街地は太田川の三角州からまわりの丘陵地に広がっていきました。その後1990年代の終わりには、中心部とこれら郊外を結ぶアストラムラインという鉄道も開通し、多くの人々が郊外の丘陵地に住むようになりました。

　1999年6月29日、梅雨前線の影響で、広島市西部の佐伯区や安佐北区などでは、午後1時40分からの1時間に100㎜以上の猛烈な雨が降りました。その結果、土石流や崖崩れが100か所以上で起こり、土砂が住宅を襲って31人が亡くなりました。この地域では、市街地が山の斜面に広がっていて、住宅の裏が崖になっていたり、急勾配の谷の近くであったりしたため、このような新興住宅地に被害が集中したのです。この災害の教訓から、2年後の2001年には、全国の自治体が土砂災害のおそれのある

場所や避難場所を示したハザードマップをつくって、住民に知らせることなどを決めた法律（土砂災害防止法）が制定されました。

　ところが、15年後の2014年8月20日の深夜、広島市安佐北区と安佐南区を中心に、1時間に100㎜を超える豪雨が降り、再び土砂災害が発生して多くの犠牲者がでてしまいました。このとき、太田川の谷沿いのせまい範囲に強い雨が降り続けて、安佐北区の三入では、3時間に217.5㎜という大雨が降りました。そのため、安佐北区可部地区の高松山や、安佐南区八木地区の阿武山周辺では、あわせて107件の土石流と59件の崖崩れが起き、それぞれの谷の出口に大量の岩や土砂、流木が押し寄せました。特に阿武山のふもとには多くの住宅があり、土石流がこれらを襲ったため、全壊、半壊の家屋は300戸を超え、74人もの人が亡くなりました。このときの災害ではせまい範囲に激しい雨が長時間降り続いたため、これを機に「線状降水帯」という言葉が使われるようになりました。

　さらに、2018年6月末から7月上旬にかけて、前線や台風第7号の影響により、西日本を中心に広い範囲で記録

〈広島市資料、ほか〉

山地 / 市街地

土砂災害で被害があったおもな地域
○ 2014年　○ 2018年

▲広島市周辺図

▲再び起こった土石流による被害（広島市安芸区 2018年7月）

的な大雨となりました（「平成30年7月豪雨」）。広島県では7月6日午後12時から7日午後12時の24時間雨量は、広島市安佐北区・安芸区、安芸郡4町、江田島市で300mm以上を観測し、広島市・呉市・東広島市・坂町などを中心に、県内では土砂災害により87人が犠牲になりました。この災害の後、坂町では小屋浦公園を自然災害伝承公園として、避難場所を兼ねた災害伝承ホールも建設しました。

災害を繰り返さないために

2014年に土石流の被害が大きかった安佐南区八木地区は、阿武山の急斜面のふもとに住宅地が広がっていました。この場所は、長い間被害はなかったものの、土石流が山のふもとで止まる場所だったのです。

2014年の災害が起こる前、広島県では土砂災害の危険性のある地域で詳しい調査を進め、この一帯を「土砂災害警戒区域」に指定して、災害時の避難や救助について、地域の住民全員に知らせることになっていました。けれども、県内にはこうした場所が1万か所近くあり、警戒区域の指定や準備に時間がかかってしまったため、災害の発生に間に合いませんでした。

この災害後、阿武山のふもとには、2014年の豪雨と同じ規模の雨が降っても、土石流が市街地に広がらないように巨大なコンクリートの砂防えん堤がたくさんつくられました。しかし、全国に同じような土石流のおそれのある谷は10万か所以上もあり、災害発生前にすべての谷に砂防

えん堤をつくることは困難です。

市町村などの自治体は、まずは土石流などの危険性を示したハザードマップをつくり、危険な地域は「土砂災害警戒区域」に指定することで、住宅を建てないようにすることも必要です。また、市町村役場などからの避難のよびかけがなくても、住民みずからが気象庁の雨量レーダーなどから、自分の住む場所の危険性を知り、早めに避難の準備をすることが大切です。最近では、災害が起こることを前提として、あらかじめどのような場合に何をするのかを時間に沿って決めておく「タイムライン」というものをつくり、そのスケジュールに従って避難をすることも提案されています。

体験者の声　泥が ふとん まで来ていた

（2014年8月）19日夜、雷雨が鳴り響くなかで寝ていた。20日（午前）3時40分頃、夫がトイレに行くため立ち上がり、足を踏み出したとき、「ぬるっ」とした感覚を覚えたらしい。泥が家のなかに入って、ふとんのところまで来ていたのだ。主人は慌てて私を起こし、逃げる場所を探したのだが、窓や玄関のほとんどが開かなかった。夜が明けると周りの様子がわかった。家の周りに泥や流木、車や岩がたくさんあるという異常な光景だった。家の中で開けることができた窓があり、そこに近所の人が はしご をかけてくれたので、はしご を伝って脱出した。（広島市安佐南区　女性）

ここも見てみよう　三角州➡4巻 p.51用、丘陵➡ p.43用、ハザードマップ➡ p.18-19、44用、土砂災害防止法、土砂災害警戒区域➡ p.18-19、土石流➡ p.10-11、44用、線状降水帯➡4巻 p.52用、平成30年7月豪雨➡ p.6、4巻 p.24-25、36-37、自然災害伝承碑➡ p.19、20、砂防えん堤➡ p.16-17、43用、タイムライン➡4巻 p.40-41

事例2

宮城県栗原市荒砥沢
地すべりによる被害

直下型地震による地すべり

この写真は、2008年6月14日に発生した岩手・宮城内陸地震で大きく崩れた宮城県栗原市の荒砥沢地すべりの様子です。左手奥の白っぽい崖のところが大きく崩れて、斜面が右手前の方へすべりました。白い崖に囲まれた緑の部分は、森に覆われたまま斜面がまとまって動いたことを示しています。

岩手・宮城内陸地震は岩手県南部を震源とするマグニチュード7.2の内陸直下型地震で、岩手県と宮城県で最大震度6強を記録しました。この地震によって岩手県と宮城県を中心に、死者・行方不明者23人という被害となり、その多くは地すべりや地すべりによって発生した土石流などによるものでした。

荒砥沢地すべりは栗駒山の南側のふもとに位置し、高さ150m、幅900m、全長1300mという国内最大級の地すべり地です。幸いこの地すべりによる人的被害はありませんでしたが、森や道路をのせたまま斜面の土地が300mも移動しました。地すべり地のすぐ下流に荒砥沢ダムがあり、ダム湖のなかに地すべり土砂が流入したため、ダム湖で高さ2mほどの津波が発生しました。地すべりがもう少しダムに近い場所で起きたら、津波がダムを乗り越えてしまい、さらに下流まで被害が広がったかもしれません。

荒砥沢地すべりの発生した場所は、やわらかい砂や泥や火山灰層などがゆるく傾いて堆積した地層からなり、地すべりを起こしやすい地質といえます。また、今回地すべりが起きた場所は古い地すべりの跡で、地震により再び動いたものと考えられます。さらに、この地震で栗

▲荒砥沢地すべりと荒砥沢ダム（宮城県 栗原市 2008年6月）

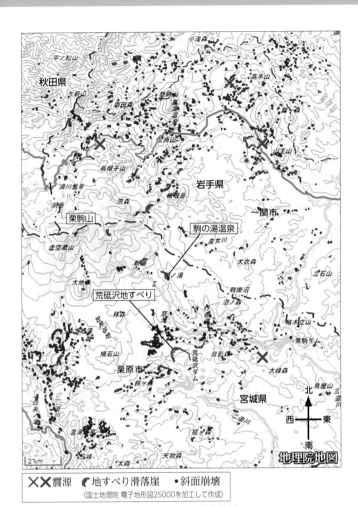

×× 震源　●地すべり滑落崖　・斜面崩壊
〈国土地理院 電子地形図25000を加工して作成〉

▲平成20年 岩手・宮城内陸地震による災害状況図

駒山の東側のふもとの駒の湯温泉を土石流が襲い、温泉旅館の宿泊客と従業員など7人が亡くなりました。この土石流は、栗駒山の東斜面で発生した地すべりの土砂が沢に流入して水と混ざって土石流となり、それが駒の湯温泉まで5kmほども流れ下ったものです。このとき、駒の湯温泉の対岸でも地すべりが発生して土砂が谷をふさいだために、土石流がせき上げられて旅館の建物が巻き込まれてしまいました。

1984年の長野県西部地震や2004年の新潟県中越地震、2018年の北海道胆振東部地震のときも、同様に山間部で発生した直下型地震により大規模な土砂災害が起きました。北海道胆振東部地震では非常に多くの場所で山の斜面が崩れ、ふもとの家を襲いました。地すべりによる災害は大雨でも発生しますが、直下型地震により広い範囲の斜面が同時にゆすられ、被害が大きくなったと考えられます。また、山間部では地すべりや土砂崩れなどで道

路が通れなくなり、人やものの移動ができずに長い間孤立してしまう地域がでてしまうことも大きな問題です。

地すべり対策と活用

災害のおそれがある地すべり地ではさまざまな対策工事が行われています。地すべりは地下にすべりやすい粘土層があるため、大雨や地震をきっかけとして突然大きく動き、家や道路などに被害をもたらします。このため、粘土層のところにたまった水を排水する水路や、不安定な斜面に大きな串をさしてとめる「アンカー工」などで新たな地すべりを防いだり、斜面に計器を取りつけて地面の動きを監視したりします。

一方で、地すべりは平地の少ない険しい山の中に、勾配のゆるやかな斜面をつくるはたらきもあります。こうした場所には、山地のなかの貴重な平らな土地として水田や集落がつくられてきました。栗原市の「西山棚田」は美しい風景により農林水産省の「日本の棚田百選」に選ばれた棚田で、この付近も地すべりによってつくられた地形です。このように、地すべりは人々の生活に結びついた自然でもあるのです。

宮城県栗原市では、岩手・宮城内陸地震によりできた地すべりの跡などを防災教育や学術研究、観光などに活用しながら持続可能な地域づくりを進めるために、この地域を「栗駒山麓ジオパーク」とすることにしました。荒砥沢地すべりのような自然現象は、地球の歴史のなかのひとこまであり、このような現象の繰り返しが現在の栗駒山麓の自然環境をつくってきたことも忘れてはいけないでしょう。

▲荒砥沢地すべりの跡を見学する人々（栗原市 2023年6月）

ここも見てみよう｜地すべり➡p.10−11、18−19、43用、土石流➡p.10−13、44用、山地➡p.8−9、43用、棚田➡p.44用

事例

平常時は河川が運ぶ土砂をためる

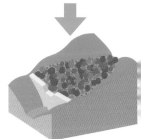

土石流発生時は、流れてくる大量の土砂や岩をせき止める。

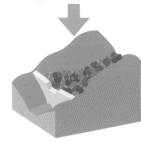

土砂や岩は何年もかけて、少しずつ下流に流れる。

対策1 土砂災害を防ぐ施設

▲急傾斜地崩壊防止工事後の斜面（兵庫県）と砂防えん堤のしくみ（右）

土砂災害に対する三段がまえの備え

　土砂災害から私たちの命と生活を守るためには、①斜面が崩れないように対策を行い斜面が崩れて土砂が動き出すのを防ぐ、②動き出した土砂を途中でくいとめて生活の場まで到達しないようにする、③それでも襲ってくる土砂に巻き込まれないように早めに避難する、の三段がまえの備えが必要です。

　傾斜が急な斜面（崖）が崩れないようにする対策としては、斜面の下にコンクリートの壁をつくって土砂を押さえたり、雨水などで土が流されないようにコンクリートの枠組みなどを埋め込んだり、杭を打ち込んで斜面を固定したり、不安定な土砂をあらかじめ除去したりする工事が行われています。簡単な対策として、コンクリートなどを吹きつけて危険な斜面を覆う工事がよく行われていますが、コンクリートがむき出しになって景観が悪いうえに、年月がたつと斜面との間にすきまができたり、コンクリートが劣化して落下したりすることでかえって危険が増して

しまいます。規模の大きい斜面では、枠組みを埋め込み、内部を緑化して景観をよくするとともに、植生で土の流出を防ぐ工事が行われます。また植林や間伐などで、森林を育てることも土砂流出の防止に役立っています。

　地すべりの進行をくいとめるためには、地下水の流れがその発生原因となることが多いことから、排水口を設置したり、井戸を掘って地下水を集めて排水したりして、地下水を抜くことで動きをとめる工事が行われます。また、より深いところにあるかたい岩盤まで杭を打ち込んで、地面の動きをとめることもあります。

　動き出した土砂が土石流となって流れ下ることをくいとめるために、土石流の危険がある渓流に、砂防えん堤とよばれる施設を設置し、これを受けとめたり、土石流の勢いを弱めたりする工事が行われます。土石流はいったん発生すると、流れ下る途中の不安定な土砂を巻き込んで発達していくことから、勢いが大きくならないように、一つの渓流にたくさんの砂防えん堤が設置されることもあります。また、渓流の谷底をコンクリートなどでかためて、不安定

な土砂が発生しないようにする工事も行われています。

　このような対策をまとめて砂防事業とよんでいます。砂防事業が必要な地域は、急傾斜地崩壊危険区域、地すべり防止区域、土石流危険渓流などとして指定され、国や都道府県などが対策工事を行うほか、斜面の土砂をけずるなど、危険が増大するような行為を許可なく行うことはできないように定められています。また、森林を守るための事業(治山事業)としても、植林、間伐で森を育てたり、山腹の土留め、治山ダムの設置、地すべりの防止工事など、土砂の流出を防止する施設がつくられたりしています。

　土砂災害を防ぐための工事は、急な斜面に大きな機械を入れる大がかりで危険な作業なので、事故のないように長い期間をかけて大規模に行われます。このために毎年国や都道府県の多額の予算が使われ、国民の命や生活が守られています。しかし、土砂の動きを完全にとめることはできず、また限られた予算のなかで無数にある危険な斜面や渓流のすべてに対策を行うことはできないため、災害の危険性や人の生活の場に与える影響の度合いに応じて優先順位をつけて事業が実施されています。

土砂災害の防止に役立つ森林のはたらき

なだれや山崩れ、土壌の浸食を防ぐ

強風や気温をやわらげ野生動物の大切なすみかになる

雨水をたくわえ、きれいな水に変える

二酸化炭素を吸収し、酸素を供給する(地球温暖化を防ぐ)

木材などを供給する

潮風や飛砂、潮害を防ぐ

山からの豊かな栄養分を川や海に供給し生物を育む

▲おもな森林のはたらき

　森林は、樹木の枝葉によって地面に雨が直接あたることを防ぎ、下草や落ち葉によって地表の水の流れで土壌が流されることを防いでいる。また、樹木が根を張りめぐらすことで、土砂の動きをおさえるはたらきもある。

　第二次世界大戦中、国内の物資が不足して森林が燃料として伐採され、多くの森林が失われたことで、山から流出する土砂が増えた。これが終戦後しばらくの間、日本で大きな水害がたびたび起きた原因の一つといわれている。その後、植林の努力がなされた結果、日本の山々は豊かな緑に覆われた。しかし近年、林業の担い手の不足や、海外からの木材の輸入で国産の木材の需要が低下したことなどで、森林の管理が十分行われなくなっている。適切な間伐が行われず下草の生えない林地や、やせ細って根に力のない樹木が増え、森林が土砂災害を防止する役割を果たせなくなっていることが、心配されている。

▲スギやヒノキの苗木の植林作業(奈良県 吉野町)

ここも見てみよう　植林、間伐、砂防えん提➡p.43用、地すべり➡p.10−11、14−15、18−19、43用、土石流➡p.10−13、44用

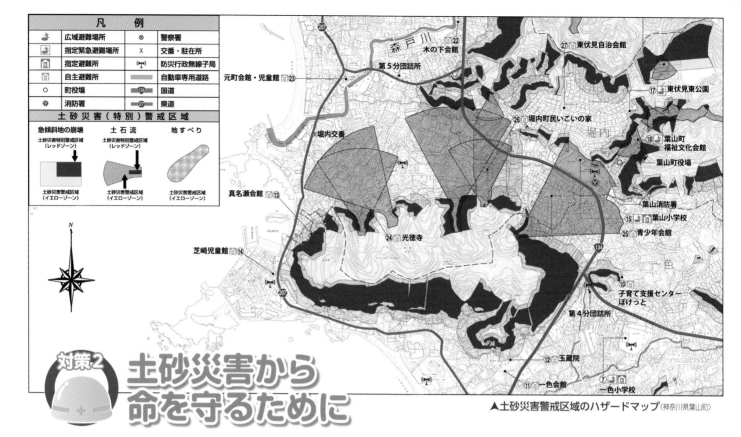

▲土砂災害警戒区域のハザードマップ〈神奈川県葉山町〉

対策2 土砂災害から命を守るために

避難に必要な情報

　日本には、土砂災害のおそれのある場所が無数にあるといわれています。そのため、さまざまな対策工事をどんなに進めても、すべての山を崩れないようにすることは難しく、すべての土砂の流れをくいとめることも不可能です。土砂災害から命を守るために最も大切なことは、土砂災害が発生する可能性のある場所から早めに避難することです。このために必要な情報は、①土砂が襲ってくる可能性がある場所はどこか、②大雨などで土砂災害が発生する可能性が高まっているか、というものです。

　このような情報を住民に提供して、土砂災害から命を守るために、2001年に土砂災害防止法が定められました。この法律では、土砂災害が発生する可能性がある場所を土砂災害警戒区域として指定することになっています。都道府県の担当者が、地形や土地の成り立ちを調べて、崖崩れや地すべり、土石流などが発生し、住民の生命や身体に危害が生じるおそれがある区域を土砂災害警戒区域として指定します。そのうち、特に危険が大きいと判断された場合には、土砂災害特別警戒区域として指定され、新たな住宅建築の制限や、移転の勧告などが行われ

ます。この法律により、全国で68万5千か所が土砂災害警戒区域として指定され、そのうちの58万7千か所が土砂災害特別警戒区域となっています（2023年6月現在）。

　土砂災害警戒区域を指定するおもな目的は、住民に土砂災害の可能性がある地域がどこかを知ってもらうことです。その手段として、土砂災害警戒区域が指定されると、市町村は、このことを住民に知らせなければなりません。このため、全国の9割以上の市町村が土砂災害ハザードマップを作成し、住民に配布しています。土砂災害ハザードマップには、土砂災害警戒区域や特別警戒区域の範囲と、予測される災害の種類（崖崩れ、地すべり、土石流）が記載されています。また、避難の勧告などの情報の伝達方法、避難場所の位置や名称などが地図上に示されるほか、住民が避難するときの注意事項などがもりこまれています。

　一方、大雨で土砂災害の発生の危険が高まったときに、市町村が避難指示などを発令するための判断材料や、住民が自主的に避難を行うための参考として、気象庁と都道府県が、共同で土砂災害警戒情報を発表することになっています。土砂災害警戒情報は、その地域の過去の土砂災害の発生状況をもとに、それまでに降った雨の量と、

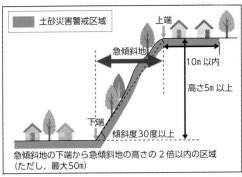

▲土砂災害警戒区域の模式図　〈国土交通省資料〉

図中のラベル：
土砂災害警戒区域
上端
急傾斜地
10m 以内
高さ5m 以上
下端
傾斜度30度以上
急傾斜地の下端から急傾斜地の高さの2倍以内の区域
（ただし、最大50m）

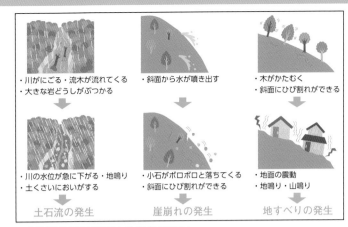

・川がにごる・流木が流れてくる
・大きな岩どうしがぶつかる
↓
・川の水位が急に下がる・地鳴り
・土くさいにおいがする
土石流の発生

・斜面から水が噴き出す
↓
・小石がボロボロと落ちてくる
・斜面にひび割れができる
崖崩れの発生

・木がかたむく
・斜面にひび割れができる
↓
・地面の震動
・地鳴り・山鳴り
地すべりの発生

▲土砂災害の前兆現象と注意すべきこと

これから数時間以内に降ると予測される雨の量をもとに、地域ごとに発表されます。土砂災害警戒情報は、テレビ、ラジオなどや各市町村の防災無線のほか、気象庁ホームページの土砂災害「キキクル」などで確認することができます。

盛り土による土砂災害を防ぐ

2021年7月、静岡県熱海市で大雨によって盛り土（斜面に人工的に土砂を盛って平らにした土地）が崩れ、土石流となって下流に大きな災害が発生しました。このような盛り土の崩落による災害を防ぐため、2022年に「盛土規制法」が制定されました。この法律では、人家に危険が及ぶ可能性のある区域が規制区域として指定され、規制区域内で盛り土を行う場合にはあらかじめ許可を受けること、定められた基準に従って安全な工事を行うとともに適切な管理を行うことが義務づけられました。大規模な盛り土がどこにあるかはハザードマップポータルサイトで調べることができます。

自分の住む地域を知るということ

土砂災害警戒情報が発表されたら、土砂災害警戒区域などの土砂災害が発生する可能性がある場所から、早めに避難することが大切です。その場合、市町村が発信する高齢者等避難、避難指示、緊急安全確保などに注意するとともに、山鳴りがする、川の水が急ににごる、川の水量が急に変化するなどの前兆現象に留意しましょう。また、避難の際には川の水が突然増えることがあり、避難所までの道のりが危険になる可能性もあります。日頃から自分の住む地域の地形を確認し、すでに大雨が降っている場合や夜間などは、決められた避難場所に無理に移動するより、近くの安全な場所に移った方がよい場合もあります。頑丈な建物の2階以上に避難するか、家の中で崖や渓流からはなれた部屋や2階など、より安全な場所に避難するという判断も大切です。

また、国土地理院の地形図やウェブサイトの地理院地図を使って、自分たちの住む地域の地形の特徴と、これまで土地がどのように成り立ってきたかを自分で調べることができます。地図から読み取った地域の特徴や市町村の歴史資料から、過去にどのような災害が発生したのか、これからどのような災害が考えられるのか、家族や地域の人たちと話し合うことが重要です。

対策

 ## 先人の教えを伝える自然災害伝承碑

過去に災害の被害にあった先人たちが、その教訓を後世の子孫たちに伝えるため、その内容を刻んだ石碑やモニュメントが日本の各地に多数残されているが、なかには石碑の存在が忘れられ、せっかく遺された教訓が生かされていないことも多い。国土地理院は、このような自然災害伝承碑の地図記号を地図に記載し、地理院地図ではその内容を見ることができるようにする取り組みを2019年から始めている。

▲広島県坂町の水害碑

ここも見てみよう　土砂災害防止法、土砂災害警戒区域、自然災害伝承碑➡p.20、自然災害伝承公園➡p.12−13、地すべり➡p.10−11、14−15、43用、土石流➡p.10−13、44用、ハザードマップ、盛り土➡p.44用

アクティビティ

どうしてここが危険❓
昔の地図が伝える防災メッセージ

過去と現在の地図を見くらべると、土地にひそむ自然災害の危険性（きけん）を知ることができます。土木技術が今よりも未発達で自然の脅威（きょうい）をコントロールしにくかったころ、人は危険な場所を居住地に利用することを避けて（さ）きました。今と昔の地図から土地利用の変化を確認（かくにん）し、将来（しょうらい）起こりうる被害（ひがい）について話し合いましょう。

👆 ハザードマップと昔の地図を見くらべよう！

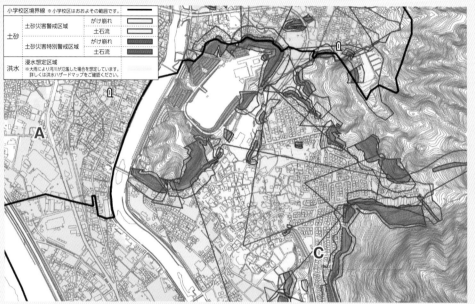

小学校区境界線 ※小学校区はおおよその範囲です。		
土砂	土砂災害警戒区域	がけ崩れ
		土石流
	土砂災害特別警戒区域	がけ崩れ
		土石流
洪水	浸水想定区域	※大雨により河川が氾濫した場合を想定しています。詳しくは洪水ハザードマップをご確認ください。

▲現在の広島県広島市安佐北区可部地区の土砂災害ハザードマップ（令和4年8月時点）

1 ハザードマップのAとCでは、それぞれどんな自然災害が発生すると考えられますか。凡例（はんれい）を見ながら、みんなで確認してみましょう。

2 AとCは現在、住宅地（じゅうたく）になっています。1925年頃（ごろ）、それぞれの土地はどのような様子でしたか。BDから読み取りましょう。

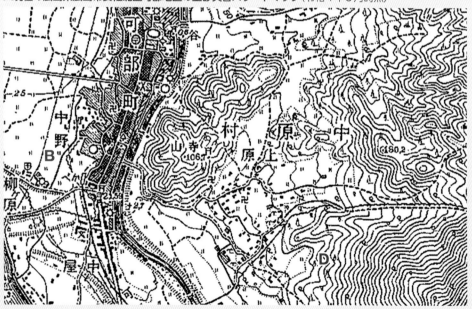

▲1925年頃の現広島県広島市安佐北区可部地区の地形図〈2万5千分の1地形図「可部」1927年発行〉

3 日本各地には、過去の自然災害を伝える石碑やモニュメントが建てられています。自然災害伝承碑（でんしょう）とよばれるもので、過去の教訓（きょう）が刻まれて（きざ）います。この教訓を十分に生かすため、国土地理院では自然災害伝承碑の地図記号を定め、地図に掲載（けいさい）しています。左上の地図から自然災害伝承碑の地図記号を探し（さが）ましょう。

 そのときあなたならどうする？「クロスロード」に挑戦！〜土砂災害編〜

あなたの家は郊外の山ぎわの住宅地。家の後ろの斜面は杉林になっている。朝から降り続く雨はますます強くなり、夕方のニュースで1時間あたりの降水量が50㎜を超し、あなたの家族は自分たちの住む地域に「高齢者等避難」が発令されたことを知る。

Q1

お父さんはテレビを見ながらこういった。
「大雨のたびに、これまで10回は避難したけど、裏山が崩れたことはない。去年の大雨より雨量は少ないから、もう少し家で様子をみよう」。そう話すお父さんを説得して、あなたは避難する？

 避難する　　 家にとどまる

考察ポイント！

①あなたが避難するならば、避難のタイミングも重要で、特に山ぎわや崖下などに住む人は、降水予想などの最新情報も参考にした早めの決断が求められる。

②あなたが家にとどまるならば、本当に安全か確認する必要がある。ハザードマップで危険箇所に指定されていなくても、想定を超えた雨が降れば、土砂災害が起こる可能性はある。そのため、テレビやラジオなどで「土砂災害警戒警報」が発表されていないか気にかけよう。これは、市町村が避難指示を発令する目安とされている。

③豪雨で土砂災害の発生が予想される場合は、早めの避難を心がけたい。お年寄りや障害のある人など避難に時間がかかる人がいる場合はなおのことである。避難したにもかかわらず自宅に被害がなかった場合は、避難訓練だったと積極的にとらえたい。

Q2

避難するのなら、どこに移動すべきかという点に話は移った。家族で話し合うなかで、あなたは避難場所に指定されている小学校へ行こうと提案した。それに対して、お父さんは、「出発するなら今だけど……。外はもう暗いから、今日は家のなかで安全な場所を探そう」という。それでもあなたは両親をつれて小学校へ移動する？

 避難する　　 家にとどまる

考察ポイント！

①あなたが小学校に避難することを決めたならば、避難経路上に危険がないか、ハザードマップなどで事前に確認しておく必要がある。すでに崖が崩れたり、道路が冠水していたりして通行できなくなっている可能性もある。

②あなたが家にとどまることを選ぶなら、斜面から離れた部屋や2階の部屋などに移動しよう。土砂災害は木造の1階で被災することが多いためだ。また、比較的頑丈な建物が近くにあれば、そちらに緊急避難するという選択もある。

③判断で最も重要なポイントは、家や学校など自分のいる場所の危険性をあらかじめ把握しておくことだ。ハザードマップはその際に最も有効な手だてとなる。また、豪雨のなかの移動は危険を伴うが、日頃から避難訓練に参加したり家族と話し合ったりしておくことで、いざというときの避難の助けになる。

ここも見てみよう　ハザードマップ➡ p.18−19、44用、自然災害伝承碑➡ p.19

竜巻の実態と発生のしくみ

▲静岡市の安倍川沿いに発生した竜巻
（静岡県 2023年8月）〈静岡放送提供〉

竜巻とは何か

アメリカ合衆国の有名な児童文学「オズの魔法使い」では、カンザス州に住む少女ドロシーが家ごと竜巻（トルネード）に巻き込まれて、オズの国に飛ばされるところから始まります。アメリカの中西部、カンザス州やオクラホマ州は竜巻がたくさん発生する地域で、家ごと飛ばされるということは本当に起こります。物語の終わりにドロシーはカンザスにもどることができましたが、現実の竜巻では家は完全に破壊され、物語のように生きてはもどれません。竜巻はそれほどおそろしいものなのです。

上の写真は2023年8月に静岡県で発生した竜巻です。竜巻とは、発達した積乱雲の下にできる激しく回転するうず のことです。多くの場合、漏斗状や柱状の雲を伴いま

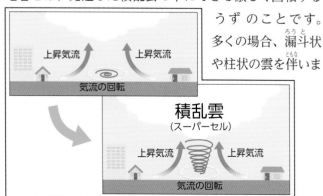

▲竜巻発生のしくみ

す。ここで重要なことは、竜巻は積乱雲の下で発生するということで、例えば晴れた日に校庭などでできる風のうず巻は、つむじ風（陣旋風）とよばれ、竜巻とは異なります。日本で発生する竜巻の大きさは直径が数十mから数百m程度で、発生している平均時間は10分ほどです。移動する距離は平均3kmあまりですが、このように規模が小さく発生している時間が短いことから、竜巻を観測することは非常に難しいのです。それにもかかわらず風速は最大で毎秒80mにも達し、このような強い風はトラックや列車さえ横転させてしまう力があります。

竜巻を発生させるものとして最も重要なものは、積乱雲のなかの強い上昇気流です。積乱雲にはいくつかの種類がありますが、雲のなかに直径数kmから10km程度の大きさの うず をもつものをスーパーセルとよび、竜巻を発生させる最も危険な積乱雲と考えられています。このうず はメソサイクロンとよばれ、スーパーセルのなかの上昇気流をさらに強化します。日常ではあまり気がつきませんが、大気中にはどこでも風の うず があります。このうず をスーパーセルはどんどんと集めます。さらにその強い上昇気流が、集めた うず を一気に激しいものに成長させ、それが竜巻になるのです。

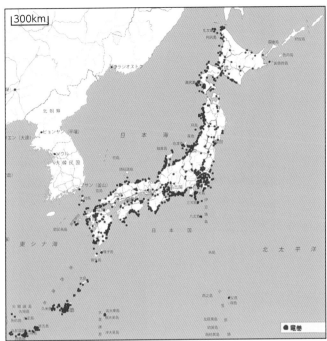

▲竜巻の分布(1961 ～ 2022年の累計)　　〈気象庁資料〉

▲市街地を襲う竜巻(愛知県 豊橋市 1999年9月)〈豊橋市提供〉

竜巻をもたらすもの

　竜巻は、このように特殊な積乱雲であるスーパーセルによってもたらされることが多いのです。ただし、竜巻は目撃証言やはっきりした地上の被害がなければ確認できないので、実際に発生した数を正確に数えることは非常に困難です。北アメリカ大陸では春から初夏にかけてスーパーセルが発生しやすく、多くのトルネードが発生しますが、アメリカでは1年に平均1300個のトルネードが発生します。これに対してアメリカの約25分の1の面積である日本では2007～2022年では海上の竜巻を含めて1年の平均が54個です。これらの数を単位面積あたりで比較すると、日本の竜巻発生数はアメリカと同程度となり、日本は竜巻の多い地域といえます。

　竜巻は、地上の風が急変するところで積乱雲が発達すると、スーパーセルでなくても発生することがあります。風の急変するところはしばしば線状にのびるので、その線に沿って多数の積乱雲が並び、その下に同時にいくつもの竜巻が並ぶことがあります。このほかに日本の場合、寒気が吹き出したときに日本海上で発生する雪雲が、竜巻を発生させることがあります。

　日本の竜巻は年間を通して発生し、1日のどの時間帯でも起こります。ただし発生しやすい季節や時間帯があり、9月頃に最も多く発生するのは、大気中に水蒸気が多く積乱雲が発達しやすいことと、台風に伴って多くの竜巻が発生するためです。また、12月～2月の冬季にも発生しますが、これは日本海側の寒気に伴う雪雲が、竜巻を多く発生させるからと考えられます。1日のうちの時間では、午後が多く明け方が少なくなっており、これは午後に積乱雲が発達しやすいことと対応しています。竜巻の発生場所については、海岸付近に多いですが、関東平野や濃尾平野などの大きな平野部、さらに南西諸島でも多くの竜巻がみられます。

 台風と竜巻

　日本で発生する竜巻のおよそ2割は、台風に伴って発生する。1999年の台風18号に伴って、愛知県では少なくとも3個の竜巻が発生した。2006年の台風13号のときも、九州から四国にかけて多数の竜巻が発生している。2013年の台風18号では、11個の竜巻が和歌山県から宮城県の広い範囲で発生している。台風に伴う竜巻は台風の中心から遠いところで発生し、台風の中心が遠いところを通過して安心していると突然竜巻が襲来して被害をもたらす。これは台風の中心付近よりも遠く離れたところのほうが、大気が不安定でスーパーセルが発生しやすいからである。台風が遠くにある場合も、竜巻やダウンバーストなどの突風に注意が必要である。

ここも見てみよう　積乱雲➡p.43 用、漏斗状➡p.44 用、雪雲➡p.29、ダウンバースト➡p.26−27、44 用

事例 日本における竜巻の被害

竜巻対策を発達させた三つの竜巻

　竜巻は突然発生し、激しい風で地上にあるものを破壊しつくします。地球の大気にはそのような激しいうずを発生させるメカニズムが備わっていて、ときには大きな災害をもたらします。近年、日本でも竜巻のおそろしさが認識されるようになり、社会の関心の高まりを受けて、竜巻災害への対策が始まりました。そのかげには、竜巻による多くの犠牲がありました。

　きっかけとなった最初の災害は、2005年12月25日に山形県庄内町で発生した突風によるJR羽越本線の特急列車の転覆事故です。当時、急速に発達する爆弾低気圧が北海道付近を通過していて、そこから日本海沿岸に沿ってのびた寒冷前線が、山形県を通過していました。このとき最上川鉄橋を通過していた特急列車6両が突風により脱線、そのうち3両が転覆して5人が犠牲になりました。気象庁は竜巻と断定するにはいたっていませんが、この突風はおそらく竜巻であったと考えられています。

　二つめの災害は、その翌年の2006年9月17日に宮崎県延岡市で発生した竜巻によって起こりました。このときには、台風が九州の西の海上を北上しており、台風からのびた帯状の降雨帯も、九州の東岸を北上していました。この降雨帯は活発な積乱雲の列となっており、そのいくつかはスーパーセルであったと考えられています。そのスーパーセルの一つが延岡市に上陸して、竜巻を発生させました。この竜巻は、約7.5kmにわたって延岡市を縦断しました。その結果、死者3人、負傷者143人のほかに、列車の転覆事故や1000戸以上の家屋の損壊などの甚大な被害が発生し、大きな災害のときに被災者を救済する災害救助法が適用されました。この降雨帯は九州の南から北に向かって移動しましたが、それに伴って、日南市、日向市で竜巻が発生していました。その後、延岡市、さらにその北の臼杵市でも発生しています。こうした多数の竜巻は、台風に伴って発生する竜巻の典型的な例でした。

　そして同じ年の11月7日に、三つめの竜巻災害が北海道佐呂間町で発生しました。この竜巻は、国内で発生した最大強度の竜巻の一つでした。被害があった地域の長さは約1.4kmと短いですが、竜巻の通過したところにあっ

たプレハブ住宅はあとかたもなく破壊され、土木工事のため町外から来ていた9人が亡くなりました。現在、災害の起こった場所にはこの犠牲者を追悼する碑が建っています。竜巻はさらに町を東向きに通過し、壊滅的な被害を出しました。建物のなかにはばらばらに破壊されたものもあり、被災地から15km以上にわたって風で飛び散ったものが点在していました。この竜巻は、佐呂間町のすぐそばで突然発生しています。気象庁のレーダーをみると、日高山脈付近で発生した巨大なスーパーセルが、佐呂間町に接近し急激に発達する様子がわかります。このときに佐呂間町の竜巻が発生したと考えられています。

　1年たらずの間にこれらの三つの突風災害が発生し、日本も竜巻の危険性の高い国であることが認識されました。その結果、気象庁や専門家が中心となって、竜巻などの突風の強度を評価する「藤田スケール(Fスケール)」の見直しを行いました。藤田スケールはアメリカ合衆国での突風の被害について考案されたもので、日本の建築物などの被害に適用することが難しいなどの問題点がありました。そこで日本の突風被害をよりよく評価できるように「日本版改良藤田スケール(JEFスケール)」が作成され、2016年4月から突風の評価に用いられるようになりました。JEFスケールはFスケールと同様に、JEF 0 ～ JEF 5までの6段階があり、数字が大きくなるほど強い風を表します。また気象庁は、国内のレーダーを、風を測定できるものにかえ、それにより2008年から、竜巻注意情報などの突風に関する情報が出されるようになりました。

何度も起きた竜巻災害

　その後も日本では、竜巻災害が続いています。2012年5月には、栃木県と茨城県で複数の竜巻が発生し、茨城県常総市で発生した竜巻が、つくば市北条地区の商店街を直撃して1人が亡くなりました。二つの県で、50人以上のけが人と2000棟を超える家屋などの被害がありました。竜巻は線状に市街地を横切ったため、すぐとなりの家は無事であるのに、その進路上にあった家はばらばらに壊れるような状況でした。家屋が強い風によって土台ごと空中に持ち上げられ、反転して落ちたとみられる被害もありました。関東平野北部はもともと竜巻が発生しや

▲竜巻の通った跡がくっきりと残る住宅地(北海道 佐呂間町 2006年11月)

すい地域で、過去にも何度か災害が起きています。2013年9月には、埼玉県越谷市や千葉県野田市で竜巻が発生し、電柱の架線が切れて、埼玉県と千葉県では6万戸以上で一時停電となりました。越谷市では、市内の小中学校が被害を受け、体育館の屋根が3分の1ほど飛んだり、校舎の窓ガラスが割れて子どもがけがをしたりしています。現在、こうした地域の小中学校では、竜巻に備えた避難訓練が行われるようになっています。

体験者の声

はじめて竜巻を見た

　当時、たまたま、私は竜巻が通過した地域にいました。青い空は、にわかに黒い雲に覆われ、瞬く間に夜のように暗くなり、吹く風は冷たく、大つぶの雨が降り始めました。雷鳴が響き渡り、稲光が天から地にまっすぐと縦に落ち、「ゴーゴー」という異常な音が聞こえてきました。また、「バリバリ」と地響きが鳴り、建物、電柱がなぎ倒されていきます。誰かが「竜巻だ!」と叫ぶ声で、私は竜巻の姿を見ました。初めての体験でしたが、竜巻の前兆といわれている事象がすべて当てはまりました。

（越谷市消防署勤務　男性）

ここも見てみよう　爆弾低気圧➡ p.30－31、44用、寒冷前線➡ p.43用、積乱雲➡ p.22－23、43用、スーパーセル➡ p.22－23、藤田スケール➡ p.27、つくば市の竜巻➡ p.6－7

対策　竜巻などの突風への対策

竜巻などの突風の予報

　救急車がサイレンを鳴らしてそばを通り過ぎるとき、近づくときはサイレンの音が高く、遠ざかるときは低く聞こえることを経験したことがあるでしょう。動くものから出る音がこのように変化することを、ドップラー効果といいます。これを利用すると救急車の速度を測定できるように、電波についてのドップラー効果を利用して積乱雲のなかの風をはかることができます。そのような気象レーダーをドップラーレーダーとよびます。

　竜巻は非常に小さい現象なので、数kmという至近距離まで近づかなければドップラーレーダーを用いても観測することができません。しかしいつどこで発生するかわからない竜巻を、至近距離で観測することは不可能なので、レーダーは竜巻そのものを直接観測するのではなく、竜巻を生み出す親雲であるスーパーセルを観測します。スーパーセルの内部には、直径数kmから10km程度のメソサイクロンとよばれる うず があります。ドップラーレーダーでこの うず を観測し、メソサイクロンを含む危険な積乱雲を発見したとき、竜巻が発生する可能性があると判断します。

　現在、気象庁は20基のドップラーレーダーを日本全国に配備し、常時雨や風の観測を行っています。これによる観測結果とその他のさまざまな気象予測情報を組み合わせて、「竜巻発生確度ナウキャスト」という情報を10分ごとに出しています。この情報は10km四方の単位で、竜巻などの突風が発生する可能性を表すもので、気象庁のホームページで見ることができます。竜巻発生確度ナウキャストには2段階があり、より危険な発生確度2があらわれるとその地点を含む県や地域に「竜巻注意情報」が発表されます。この情報は、県内で竜巻やダウンバースト（下降流突風）などの突風が発生しやすい気象状況になっていることを知らせるものです。竜巻注意情報が発表された場合、気象庁ホームページで竜巻発生確度ナウキャストを確認して、自分がいる場所の竜巻などの突風についての危険性を知ることが重要です。

竜巻などの突風から身を守るために

　竜巻の発生メカニズムには未解明な点が多いので、現在の科学では竜巻の予測はまだまだ困難です。日本全国で年間600回ほど竜巻注意情報が発表されますが、実際に

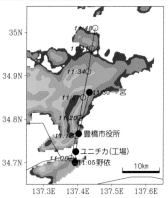

▶ドップラーレーダーがとらえた豊橋市の竜巻をもたらしたスーパーセル(1999年9月)
○はメソサイクロンの中心位置の移動で、●は竜巻の移動を示す。図中の色は雨の強さで、紺色から赤色になるほど強い雨になる。

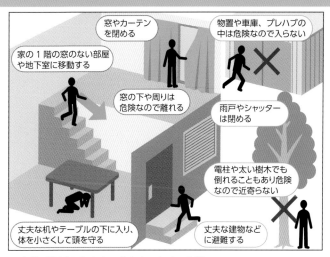

▲竜巻が接近したときの身を守るための行動

竜巻が発生したのは100回につき3回くらいです。逆に実際に発生した竜巻については10回につき3回程度しか竜巻注意報が発表されていません。現在もその精度を上げる研究や努力が行われていますが、竜巻は大きな被害をもたらすおそろしい災害なので、竜巻注意情報が的中しなくても「発生しなくてよかった」という考え方が重要です。

竜巻などの突風から身を守るためには、気象庁の情報だけでは十分ではありません。自分自身で空の変化に注意して、身を守る行動を取ることが大切です。竜巻やダウンバーストは積乱雲によって発生するので、その前ぶれとして、黒い雲が近づいている、雷光・雷鳴が起こる、突然冷たい風が吹き始める、大つぶの雨やひょうが降り始めるなどは非常に危険な気象状況にあることを示しています。

竜巻が身近に迫ってくると、雲の下から漏斗状・柱状の雲や、風で飛び散るものが見えたりします。竜巻の場合は飛び散るものが凶器となるので、まず頑丈な建物のなかに避難します。建物のなかではできるだけ窓から離れ、カーテンを引いて窓ガラスが割れて風が吹き込んでも身を守れるようにしましょう。もし建物の中心部付近にトイレや風呂などの窓のない部屋があれば、そのなかに身を隠すことは有効です。水の入っていないバスタブがあれば、そのなかに入ってうずくまります。学校の教室などは、窓が大きいのでガラスが飛び散って危険です。窓のない部屋や廊下に避難して、頭を抱えてうずくまります。1999年に起きた愛知県豊橋市の竜巻では、授業中の中学校を竜巻が襲い、割れた窓ガラスで多数の生徒が負傷しました。竜巻から避難する場合、一部のプレハブなどの弱い建物はかえって危険です。車も飛ばされるおそれがあるので避けるべきです。外にいるときに頑丈な建物がなければ、物陰に隠れて姿勢を低くして飛び散るものか

ら身を守ります。特に、頭を両腕で抱えて守ることが重要です。

ある計算によると、日本において人が一生のうちに竜巻に合う確率はきわめて低いとされています。しかし竜巻は、人や建物に一瞬にして大きな被害をもたらすおそろしい気象です。日本では1990～2012年の23年間で、34人が死亡しています。この期間では1年あたり平均1.5人が竜巻の犠牲になっていることになります。身近で竜巻などの突風が起こりそうなときは、自分の身を守るために、正しく気象状況を判断して適切に避難することが必要です。

対策

竜巻の強さと藤田スケール

「ミスタートルネード」とよばれたシカゴ大学教授の藤田哲也(1920～98年)は、アメリカだけでなく世界でも最も有名な気象学者の1人である。トルネードやダウンバーストなどの突風研究のさきがけで、突風による災害の防止に大きく貢献した。彼が初めて作成した突風の強度スケールは、藤田スケール(Fスケール)とよばれ、世界中で使用されている。Fスケールは、直接測定の困難な竜巻やダウンバーストなどの突風の風速を、被害状況から推定するものである。F0～F5の6段階があり、数字が大きいほど、大きい風速の突風を表す。例えばF0では小枝が折れる程度であるが、F3になると家屋が倒壊し列車が転覆する強さである。さらにF5となると家屋はあとかたもなくなり、列車も吹き飛ばされる。これまでに起きた日本の竜巻で最も強いものはF3で、その発生は1981～2022年の42年間で5個だけである。

ここも見てみよう 積乱雲➡ p.22－23、43用、スーパーセル➡ p.22－23、ダウンバースト、漏斗状➡ p.44用、藤田スケール➡ p.25

大雪が降るしくみ

▲雪かきをする人々(新潟県 上越市)

雪はどのように形成されるのか

　日本では昔から美しいものとして、「雪月花」という言葉があります。このように冬の雪は美しいものの代表です。初冬にはらはらと舞う風花とよばれる雪や、春の初めのなごり雪などははかなくも美しく、日本人の詩情をかき立てます。しかしひとたび豪雪となると、視界がほとんどなくなったり、交通機関が寸断されたり、家屋が倒壊したり、さらには人命が失われたりするなど、雪は甚大な災害をもたらすおそろしいものとなります。また降雪には暴風や竜巻が伴うこともあり、さらに降った雪が強風で舞い上がる地吹雪なども、災害を発生させることがあります。

　雪の降り方にはさまざまなものがありますが、大きく分けて雪の結晶(雪結晶)、雪片、そして あられ を主体とした降り方があります。氷点下の雲のなかには、気温が0℃以下でも凍っていない微小な水滴が存在します。そのような水滴のことを過冷却水滴といいます。この過冷却水滴が凍ると、氷晶という雪結晶の種ができます。氷晶は急速にまわりの水蒸気を集めて成長し、雪結晶になり、これが集まって雪片を形成します。この雪片の大きなものが、ぼたん雪です。雲のなかに過冷却水滴がたくさんあると、そこをゆっくりと落下する雪結晶や氷晶は、過冷却水滴とぶつかって あられ を形成します。過冷却水滴は雪結晶などとぶつかるとすぐに凍りつくので、そのようにしてできる あられ は密度の大きな粒子です。このため あられ は雪片に比べて速く落下して、雪片だけの降雪より強い雪をもたらします。

　低気圧の場合は、弱い上昇気流に伴って雪が形成されるので、過冷却水滴が少ない層状の雲から、雪片や雪結晶を主体とした降雪があります。これに対して北西の季節風に伴う日本海側の雪は、積乱雲の激しい上昇気流によってもたらされるので、雲のなかの過冷却水滴が多く、多量の あられ が形成されます。同時に雪片や雪結晶も形成されますが、まず速く落下する あられ が降ってきて、次に雪片が降り、最後に雪結晶がゆっくりと落ちてくるという降り方をします。

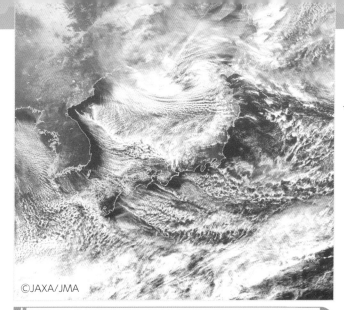
©JAXA/JMA

◀日本海上の筋状雲とJPCZの帯状雲　　　▲冬の季節風による天気の違い
（2018年2月5日12：00）

日本に豪雪をもたらす雲

　冬季の天気予報で、「西高東低」という言葉を聞いたことがあるでしょう。冬になると、日本列島の西側に高気圧、東側に低気圧という気圧配置の日が多くなり、そのようなときはユーラシア大陸から冷たい北西の季節風が吹き出して降雪がもたらされます。海を渡るとき季節風は、海から水蒸気が供給されるとともに暖められて、雪雲が活発に形成されます。気象衛星からは日本海上に筋状に並ぶ多数の雪雲（筋状雲）がみられます。雪雲は日本に近づくにつれて発達し、沿岸部に多くの雪を降らせます。雪雲は日本列島の高い脊梁山脈を越えられず、関東平野などでは乾燥したからっ風が吹きます。北西の季節風が強く山岳地域に吹きつけて、山側により多くの雪が降ることを山雪といいます。一方で西高東低の気圧配置がゆるんで季節風が弱まり、平野部に多くの雪がもたらされることを里雪といいます。また、日本海側でなくても山地が北側で低い濃尾平野や京都盆地のような地域では、雪雲が入り込んで降雪をもたらすことがあります。岐阜県の関ケ原町ではしばしば降雪があり、そこを通る東海道新幹線などに大きな影響が出ます。

　北西の季節風が吹き出したときに、日本海上にみられる雪雲は筋状のものだけではありません。朝鮮半島のつけ根付近から北陸地方にかけて、風のぶつかる収束帯が形成されます。これを日本海寒帯気団収束帯（JPCZ）といい、それに沿ってひときわ活発な雲の帯（帯状雲）が形成されることがあります。筋状雲が高さ2〜3㎞の積乱雲であるのに対して、この帯状雲は4〜5㎞に達する発達した積乱雲で構成されています。このため帯状雲が上陸するところでは、強い雪雲が次々と入り込み豪雪になります。このような帯状雲は北陸地方のほかに北海道の西岸にも発生し、北海道西岸帯状雲とよばれ、豪雪をもたらすことが知られています。また、これらの帯状雲に沿ってうずを巻く雲が発生することがあります。雲のうずの大きさは直径数十㎞から数百㎞とさまざまですが、北陸地方や北海道で帯状雲に発生するうず状の雲はしばしば暴風雪を伴い、海難事故や豪雪をもたらします。

🌪 「雪は天から送られた手紙である」

　表題は雪と氷の博士、中谷宇吉郎（1900〜62年）の残した言葉である。北海道帝国大学（現在の北海道大学）の教授だった中谷は、世界で初めて雪の結晶を人工的につくることに成功し、雪の結晶の形が雪雲のなかの温度と水分の量で決まることを発見した。その結果を図にまとめたのが有名な「ナカヤダイヤグラム」である。これを手引きにして降ってきた雪の結晶をみれば、上空の大気の状態がわかるので、中谷は「雪は天から送られた手紙」と文学的に表現した。中谷は雪や氷の基礎研究だけでなく、着氷や着雪の防止、豪雪災害の軽減、凍土地域の地盤の被害など、寒冷地の災害や防災の研究を行い、雪氷学という学問分野を開拓した。彼は「基礎研究は必ず人の役に立つ」「人の役に立つ研究をせよ」と社会に資する研究を重視した。

▲教授室で雪結晶の写真の整理をする
中谷宇吉郎（1935年）〈中谷宇吉郎記念財団〉

ここも見てみよう　地吹雪➡p.31、33、氷晶、雪片、あられ➡4巻p.14、季節風➡4巻p.51用、積乱雲➡p.22−23、43用、脊梁山脈➡p.30、43用

降雪の特徴と雪による被害

▲雪の重さで倒壊した家屋(新潟県 上越市 2021年)

世界的に降雪の多い日本の特徴

日本の降雪の特徴は、大きくは日本の地理的位置と地形によって決まります。ユーラシア大陸の東に位置する日本は、冬季、大陸から北西の季節風の寒気が吹き出し、寒冷な気候となります。この寒気の吹き出しに伴い、日本海側には多くの降雪がもたらされます。これは大陸からの北西の季節風が非常に冷たく、それに対して対馬海流(暖流)の流れる日本海が暖かいからです。これらにより日本は世界的にみても、比較的緯度の低いところで多くの降雪がみられます。また、日本付近は温帯低気圧が発達しやすく、冬季には太平洋側でも降雪がもたらされることがあります。さらに爆弾低気圧とよばれる急速に発達する低気圧も発生しやすく、それによって北海道の東部などで暴風雪が発生することがあります。

降雪の特徴を決めるもう一つの要因が、日本の脊梁山脈です。冬季、西高東低の気圧配置のとき、脊梁山脈が雪雲をさえぎるため、関東平野は雲一つない晴天になり、冷たく乾いたからっ風が吹きます。日本海側の降雪に対して、太平洋側では天気が正反対になります。日本海側

はまさに「雪国」で、新潟県十日町市にある森林総合研究所が測定している長年の積雪深のデータをみると、毎年、2〜4mも雪が積もることがわかります。そこでは積雪が12月頃から始まり、多い年は4月頃まで残ります。ただし積雪量は年によって大きく変わり、「38豪雪」(昭和38年)や「56豪雪」(昭和56年)などの、雪がきわめて多い年もあれば、まれに非常に少ない年もあります。2005〜2006年に起こった「平成18年豪雪」では、死者152人、負傷者2145人の大きな災害が発生しました。

同じ日本海側の雪でも、北海道のような気温の低い地方ではさらさらとした雪が多く、降ったばかりでは密度の小さな積雪になります。一方で北陸地方などの比較的緯度の低い地方では、湿った重たい雪が多く、新雪でも密度が大きくなります。このため同じ深さの積雪でも北陸地方のほうが雪の重量が大きく、屋根に雪が積もると家屋に大きな荷重(1m³あたり300kg以上といわれる)がかかるので、雪おろしをしないと上の写真のようにつぶれてしまいます。一方、道路に積もる雪については、北陸地方のほうがとけやすく、たとえば金沢などでは道路に地下水をまいて雪をとかして除雪します。気温の低い北海道

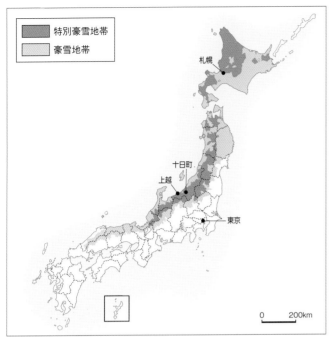

凡例
■ 特別豪雪地帯
□ 豪雪地帯

札幌

十日町
上越

東京

0　　　200km

▲日本の豪雪地帯　　　　　　　　　　　〈国土交通省資料〉

▲雪で足元を気にしながら職場に向かう人々（東京都 練馬区 2022年1月）

では凍りついてしまうため、このような方法は用いられません。除雪も雪の特性にあわせた方法を用います。

雪の少ないところでも起こる被害

　冬季、上空に寒気が入り込んだとき、日本の南岸で発達しながら東に進む低気圧があります。このような低気圧を南岸低気圧といいます。このとき気温が低く南からの気流が十分湿っていると、関東平野に降雪がもたらされます。関東平野では積雪は年に数回程度しかないので、不慣れな積雪の上ですべって転倒したり、車がスリップ事故を起こしたりします。また、電車についても線路上の積雪だけでなく、架線やパンタグラフへの着雪で運行できなくなるなどの障害が起こります。このように降水が雨か雪かで、関東の都市部のような雪に慣れていない地域では、交通などが大きく影響を受けます。けれども低気圧に伴う降水が雪になるのか雨なのかは、低気圧内の気温分布のわずかな違いによって決まります。このため、その予報は非常に難しく、予想外の雪で被害が発生することがあります。

　北海道はどこでも雪が降りますが、その降り方は日本海側と東部の太平洋・オホーツク海側では大きく異なります。札幌市などがある日本海側では、北陸地方や東北

地方の日本海側と同様に、寒気の吹き出しに伴う日本海からの雪雲によって降雪がもたらされます。一方、日高山脈の東側では、比較的雪が少なくあまり豪雪にはなりません。しかし、その地域では爆弾低気圧により、きわめて激しい暴風雪がもたらされることがあります。爆弾低気圧は急速に発達しながら移動してくるので、暴風雪は突然始まります。低気圧に伴う非常に激しい風と、強い降雪、さらに地上からまき上がる地吹雪により人も車も身動きがとれなくなります。実際、爆弾低気圧による暴風雪で死者が出る災害が発生しています。北海道のように寒冷な地域で雪に慣れていても、急激な気象の変化はときとして大きな災害をもたらします。

おそろしい地吹雪

　地吹雪のおそろしさは経験してみなければわからない。地吹雪は、遠くの空が灰色になったと思うと突然やってくる。激しい風で地面の雪が舞い上がり、降ってくる雪と一体化する。立っていると足もとも見えないほど視界が悪くなり、どの方向を向いても白一色の世界で、方角がまったくわからなくなる。じっとしているとみるみるうちに足もとから雪に埋まっていき、むやみに歩けば道路からはずれて積雪のなかにはまる。実際、地吹雪で方角を見失い、家屋のわずか手前で死亡していたという例がたくさんある。車に乗っていても同様で、動くことさえできなくなる。地吹雪が起こるような気象状況はきわめて危険で、屋外に出ることさえ命取りになるのである。

ここも見てみよう　季節風➡4巻 p.51用、爆弾低気圧➡p.44用、脊梁山脈➡p.43用、平野➡p.8−9、44用、日本海側の大雪➡p.6、33、北海道の大雪➡p.32−33、35

▲大雪が降りしきる札幌市中心部
（北海道 札幌市 2022年2月）

大都市札幌を襲った大雪（2022年）
季節風がもたらす豪雪

度重なる大雪の影響

「雪国」という言葉には、ふだん雪と縁のない生活の人たちには、どこかロマンチックな響きがあります。日本は世界で最も雪の多い地域の一つですが、こうした大雪は、実際には人々の生活にどのような影響をもたらすのでしょうか。

北海道札幌市は人口200万近い大都市です。冬の季節風の強さや雪の雲をつくる水蒸気の量などによって、毎年雪の降る量は違いますが、札幌市の1991～2020年の年平均降雪量は479cmで、世界的にみてもこのような雪の多い大都市はありません。

2022年1月から2月にわたって札幌都市圏は度重なる大雪（通称ドカ雪）に襲われ、社会生活が大きな影響を受けました。このうち2月5日から6日にかけては、冬型の気圧配置のもと石狩湾付近で発達した雪雲が断続的に流入し大雪となりました。降雪のピークは5日午後と6日午前の2回を数え、札幌管区気象台の発表では、前日から6日午後2時までの24時間降雪量が1999年の統計開始以降最多となる60cmに達し、最深積雪は133cmを記録しました。

この雪で7日と8日は札幌駅発着のすべての列車が運行を取りやめたほか、1週間後の13日までにかけて計3500本以上が運休しました。また都市間を結ぶ主要幹線から生活道路に至るまで、道路も除排雪が追いつかず車が立往生するなど、長期間にわたって人流や物流に大きな影響がありました。除排雪能力を向上させたり、市や道、

▲JR札幌駅で除雪を行う作業員（北海道 札幌市 2022年2月）〈JR北海道提供〉

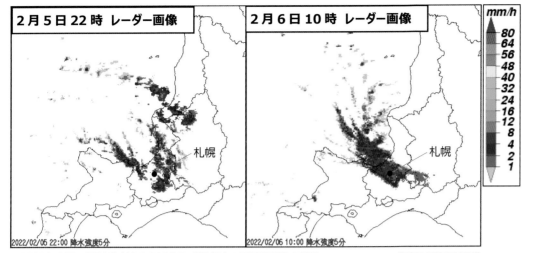

| 2月5日22時 レーダー画像 | 2月6日10時 レーダー画像 | mm/h |

2022/02/05 22:00 降水強度5分　　　　2022/02/06 10:00 降水強度5分

〈気象庁札幌管区気象台資料〉

▲2022年2月5日22時(左)と2月6日10時(右)の雨雲(雪雲)の様子
　札幌では5日20〜21時の1時間で14cm、6日10〜12時の2時間で20cmの降雪量となった。

しました。国道8号、北陸自動車道などで大規模な立往生が発生したほか、宮城県では東北自動車道で吹雪が原因の事故によって長時間通行止めになりました。JRも北陸新幹線から在来線に至るまで多くの便が運休したほか、航空機の欠航、秋田県や新潟県の広い範囲での停電、さらには雪の重みによる家屋や農業用ハウスの倒壊が発生し、除雪作業中の事故も多数発生しました。

このほか、新潟県の上越市では小・中学校や幼稚園71校が1週間以上にわたって臨時休校となったほか、市街地では除雪が追いつかず、ごみの収集が10日以上にわたって停止しました。また、スーパーマーケットやコンビニエンスストアでは、パンや肉、野菜、総菜など多くの商品が品切れとなり、昼間から閉店した店もありました。

雪国に生活する人々の安全と安心を確保するためにも、今回のような豪雪やそれに伴う なだれ、吹雪などの災害発生を正確に予測する手法の確立が望まれます。

交通機関などが情報を共有し、しっかりと連携して動いていくことが必要です。

その2週間後の2月21日〜22日にかけても北海道付近は強い冬型の気圧配置となり、石狩地方では北西からの強風を伴った強い雪雲が内陸深くまで入り込み、札幌では51cmの降雪が観測されました。恵庭市と千歳市では最深積雪がそれぞれ123cmと154cmと統計をとり始めてから最大の値を記録したほか、新千歳空港でも21日午前10時から23日午前10時までの48時間で69cmの降雪があり、21日は183便、22日は228便全便、23日も73便が欠航して空港内に多くの滞留者が出る事態となりました。この大雪では、降雪量の多さに加えて、強風による地吹雪も大きく影響しました。

日本海側の豪雪地域の大雪被害

本州の日本海側でも強い冬型の気圧配置のもと、2020年12月14日から21日にかけて新潟県や群馬県の山沿いを中心に短期間で2mを大きく上回る降雪がありました。関越自動車道では2000台以上の車が立往生して50時間以上の通行止めになったほか、国道17号でも大渋滞が発生しました。また、翌2021年1月7日から12日にかけても、強い冬型気圧配置のもと、北日本から西日本の日本海側を中心に強い雪が降り続き、気象庁から「顕著な大雪に関する気象情報」が発表されました。48時間降雪量が上越市高田で160cm、糸魚川市能生で143cmなど、観測史上一位を記録

▲大雪により関越自動車道で立往生する車(新潟県 魚沼市2020年12月)

事例

ここも見てみよう　季節風➡4巻 p.51用、地吹雪➡ p.31、33、北海道の大雪➡ p.35、日本海側の大雪➡ p.6、30−31

事例2 「平成26年豪雪」(2014年)
低気圧がもたらす豪雪

▲大雪で列車が止まったままのJR大月駅
（山梨県 大月市 2014年2月）

太平洋側での記録的大雪

日本の冬は、日本海側で大陸からの季節風によって大量に雪が降るのに比べて、太平洋側は湿った風が高い山脈にさえぎられ乾燥するため、雪は多くは降りません。しかしこのような比較的雪の少ない地域であっても、例年1月の後半から春先にかけて、日本列島南岸を発達しながら東北東に移動する南岸低気圧により、南からの暖気と北からの寒気がちょうどぶつかり合う太平洋側で猛烈に雪が降ることがあります。

2014年2月14日から19日にかけて、発達した低気圧が日本の南岸を通過し、太平洋側を中心に広い範囲で大雪となりました。とりわけ関東・甲信地方から東北地方の太平洋側では記録的な大雪となり、山梨県甲府市では積雪の深さがそれまでの観測記録の2倍以上となる114cm、群

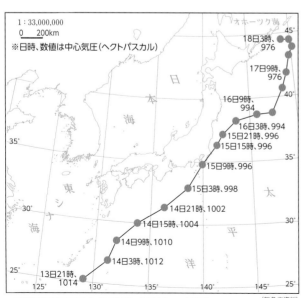

▲南岸低気圧の動き（2014年2月13〜18日）　〈気象庁資料〉

（地図内の表記）
1:33,000,000
0　200km
※日時、数値は中心気圧（ヘクトパスカル）
オホーツク海
日本海
東シナ海
太平洋
18日3時、976
17日9時、976
16日9時、994
16日3時、994
15日21時、996
15日15時、996
15日9時、996
15日3時、998
14日21時、1002
14日15時、1004
14日9時、1010
14日3時、1012
13日21時、1014

▲ほとんど商品がなくなった野菜売り場（山梨県 甲府市 2014年2月）

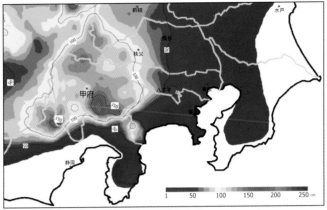

▲関東・甲信地方の積雪深分布図（2014年2月15日）(部分)〈伊豫部ら、2015年〉

群馬県草津町では162cm、埼玉県秩父市では98cmに達するなど、多くの地点で記録を更新しました。その結果、道路に多量に積もった雪、道路わきの斜面から発生したなだれや倒木により、至るところで車が埋没または立往生したため、多くの集落が一時的に孤立する事態となりました。さらに、鉄道の運休、航空機の欠航、停電、水道の凍結被害、電話線の切断が発生し、交通機関や物流にも大きな影響が出ました。甲府市では周辺の山間部で集落が孤立したほか、市とほかの都市を結ぶ幹線鉄道、高速道路も不通となったため、日用品や食料品が届かなくなり、スーパーの野菜売り場がからになるような、生活に直結する被害となりました。都市部では、凍結ですべりやすくなった道路で歩行者が転倒して負傷したほか、大量に積もった雪による屋根の崩落、ビニールハウスの倒壊などによって、雪害では過去最悪となる農業被害も発生しました。このように、例年あまり雪が降らない地域、特に人口が集中している首都圏とその近郊が大雪になると、豪雪地帯であれば即座に対応できることでも、相当な時間や日数がかかる事態となります。例えば多くの集落が孤立した山梨県では、復旧までに数週間かかったといわれています。除雪に詳しい人や専用の機械が県内になかったため、新潟県などから除雪専門業者や除雪車の応援を受けて、対応することになりました。雪国でこれまでつちかわれた対策や技術を生かすため、雪国とそれ以外の地域の関係者の交流を活発に行うことが、重要と考えられています。

北海道で起きた暴風雪

本州南岸を通過したこの低気圧は、発達しながら2月16日の夜には根室市の南東海上に進み、これに雪を伴った非常に強い東または北東の風が吹き込んだため、北海道の太平洋側では猛吹雪や大雪となりました。その後、低気圧の動きは遅くなり19日にかけ千島列島近海で停滞したことから、北海道付近は西に高気圧、東に低気圧が存在する西高東低の強い冬型の気圧配置が続きました。このためオホーツク海側や太平洋側東部を中心に北または北西の風が雪を伴って非常に強くなり、長時間にわたり暴風雪警報が発令されました。猛烈な吹雪により日中でも数m前が見えない状況が続いたほか、至るところで道路全体を覆うまでに発達した大きな吹きだまりができました。これにより長時間にわたって広い範囲で道路が通行止めとなったほか、航空機の運休、さらには停電が発生するなど大きな被害がもたらされました。

前年の2013年3月2日から3日にかけても、日本海から北海道を横断して急速に発達した低気圧（爆弾低気圧ともよばれます）により、北海道は暴風雪に見舞われました。北海道北部からオホーツク海側、そして東部にかけて車があいついで立往生し、乗っていた人が車内での一酸化炭素中毒や屋外での寒さなどで9人が亡くなる、という大きな吹雪災害となりました。北海道のように寒さや雪になれているであろう地域でも、このような雪害が起こる危険性があるのです。

体験者の声 雪で動けなくなった自動車

雪の中を何度も倒れながら道をつくって、かき分けて進んでいったが、広い道路まで出る40〜50mあまりの距離を進むのに、大変な時間を要した。広い道まで出ると、踏み跡があって、そこから国道までは300mくらいだった。国道まで出れば駅の近くで、駅の近くの坂あたりには動けなくなった車がたくさん止まっていた。(中略)車が置いてあるままではいつまでも国道が開通しないので、小学校のグラウンドを重機で雪かきをして、そこに車を入れようということになり、夕方以降雪をかきはじめた。

（都留市　男性）

ここも見てみよう 山脈➡p.43用、南岸低気圧➡p.31、北海道の大雪➡p.32-33、爆弾低気圧➡p.30-31、44用

 事例3

世界にみる雪害・雪との共生

▲大雪で立往生した車を押す人々
（アメリカ合衆国テキサス州 2021年2月）

各地で発生する大寒波や雪の被害

　世界には日本と比べてもっと寒い地域がたくさんあります。そうしたところでは、雪や寒さによる被害はどのようなものがあるのでしょうか。

　2021年2月、アメリカ合衆国の中西部から南部にかけての広い範囲が大寒波に襲われました。北極から極度に寒冷な気団が南下して広がったのが原因で、特にテキサス州を中心とした地域では、気温が－10℃以下となる日が

続き、多量の降雪にも見舞われました。この寒さで電力の需要が急増したことに加えて設備の凍結や燃料不足が原因で一部の地域では供給が追いつかず、15日から18日にかけて数百万人に電力が供給されない状況が発生し、住宅や施設で暖房が利用できない状態が続きました。水道施設も凍結して飲料水や生活用水の供給にも深刻な影響を与えたほか、道路や歩道が凍結した降雨や霧など氷に覆われて交通事故が多発するなど、社会生活と経済活動に甚大な影響をもたらしました。電力、水道網などのイン

🌀 南極の暴風雪、ブリザード

　風で舞い上がった雪の粒子で、目標物を目で確認できる最長の距離（視程）が短くなる暴風雪を、ブリザードとよびます。もともとは北アメリカ大陸北部でのよび方ですが、南極ではこれが数日間続くこともあります。南極の昭和基地では表のように、視程、風速、継続した時間によってAからCのブリザードの階級が定められており、

冬には月に3〜4回程度発生します。激しいブリザードでは風速が60mを超え、1m先も見えなくなることがあります。そのため昭和基地では、A級ブリザードのときには、建物の外に出ることが禁じられています。

階級	視程	風速（毎秒）	継続時間	年平均日数
A級	100m未満	25m以上	6時間以上	7日
B級	1km未満	15m以上	12時間以上	16日
C級	1km未満	10m以上	6時間以上	31日

▲ブリザードの等級

▲ブリザードと昭和基地（南極）

▲なだれ予防柵(スイス ダボス付近 2009年2月)

▲洗濯物を凍らせてかわかす様子(ロシア サハ共和国 アリラック村)

フラの脆弱性や寒冷な冬に対する備えの重要性がクローズアップされました。

　この地域は翌年の2022年2月にも大寒波が襲来し、一部の地域で電力供給に影響が出ましたが、前年の経験を踏まえた対策が取られたことで、深刻な事態は避けられたといわれています。

　一方、山岳地帯では雪は なだれ の被害をもたらし、毎年多数の被害が報告されています。2022年〜23年の冬だけをみても、オーストリアとスイスでは2月3日から5日にかけて8人が なだれ に巻き込まれて死亡、ノルウェー北部では3月31日に複数の なだれ が発生して観光客を含む4人が死亡、さらにフランス・アルプスでも4月9日に発生した なだれ で4人が死亡、9人が負傷しました。バックカントリースキーやクロスカントリーなどの管理されたスキー場外での事故が目立っています。こうした悲劇を繰り返さないよう、山岳地域を抱えるスイスやフランスでは、冬の間は毎日、国の機関が なだれ の発生危険度を段階に分けて、山ごとにきめ細やかな予報を出しています。また なだれ の危険がある斜面には、なだれ予防柵がびっしり、整然と配置されています。最近では、周囲の景観にとけ込むようにつくられたスノーネットが急速に普及しています。

雪や氷とともに生きる人々

　ロシア連邦サハ共和国の東方に位置する、人口約8000人のオイミャコンは、北半球の人の住む地域で最も寒冷な地点(寒極)とよばれ、1926年1月26日には−71.2℃の気温を記録したといわれています。1933年には、公式記録で世界一低い−67.8℃を観測しています。このような極寒の地にも、17世紀にはすでに先住民たちが暮らしていました。その理由の一つは、オイミャコンの地名が意味する「凍らない水」にあります。人々は近くの川底からわき出る温水を利用し、ここに集まる動物たちを狩猟することで生活が可能になったのです。その後、20世紀初めには、金の採掘で多くの人がこの地に移り住むことになったといわれます。

　現在、この地のおもな産業は林業と観光です。冬になればもちろん水道は凍結してしまいますが、給水車が各家庭の室内のタンクに安い価格で水を届けるシステムがあり、薪ストーブで沸かした温水を各部屋にパイプで送って室内を暖めているほか、風呂がわりの高温多湿のドライサウナもあります。凍った川に穴をあけて、たくさんの魚を捕らえることもできるので、食料も豊富です。外は−50℃以下になるため、低い気温では細菌やウイルスの繁殖をおさえられて、感染症にかかりにくい、というメリットもあります。ちなみに洗濯物はいったん外で凍らせることで細菌の繁殖をおさえ、その後に部屋干しをするという生活の知恵も取り入れるなど、豊かな生活を送っています。

　このように非常に厳しい自然環境の一方で、寒さや雪を楽しむイベントも、各地で開催されています。中国東北部ヘイロンチヤン(黒竜江)省の省都ハルビンでは、1985年から氷雪祭が行われています。ハルビンの冬季の最低気温は−30℃に達しますが、毎年1月上旬から1か月以上にわたって開催される祭りでは、色とりどりにライトアップされた氷の彫刻や雪像のコンテストが行われ、さらには寒中水泳も行われます。

事例

ここも見てみよう　暴風雪➡ p.30−31、35、なだれ➡ p.38、スノーネット➡ p.43用

降雪への備え

▲上越新幹線のスプリンクラーを使った消雪設備（新潟県）

国や地域の取り組み

冬の積雪がもたらす被害に対し、どのような取り組みが行われているでしょうか。積雪の上を強い風が吹くと、雪の粒子が空中に舞い上がり吹雪が発生します。雪が降っていないときに起こるものは、地吹雪ともよばれます。道路での吹雪の災害を大きく分けると、吹きだまりと、目で確認できる距離が短くなる視程障害の二つがあります。

吹きだまりは、強い風によって運ばれてきた雪が道路上に堆積することでつくられ、交通のさまたげとなります。また視程障害は、強い風で吹きつける雪が、運転者の視界をさえぎることで車両の安全な通行に大きな支障となり、追突など大きな事故を引き起こすことがあります。そのため、雪国の道路には吹きだまりを防ぐ吹きだめ柵、視程障害を緩和する吹き止め柵や吹き払い柵など各種の防雪柵、スノーシェルター、防雪林などが整備されているほか、雪に埋もれた道路の端（路肩）の位置を示すために、赤と白のスノーポールや矢羽根型の目印なども設置されています。

雪が斜面から崩れ落ちる なだれ も、集落の建物や橋などを損壊させるだけでなく、道路を通行する車両や屋外で冬のスポーツを楽しむ人々に、直接的な危害を加える可能性があります。道路の なだれ 対策施設としては、発生する斜面には予防柵や予防杭などが、また なだれ がすべり落ちて堆積するところには、防護柵やトンネル状のスノーシェッドなどの防護施設が用いられます。このほかにも、なだれ の方向を変える誘導堤や勢いを弱める設備がおかれる場合もあります。

鉄道の備えとしては、雪の多い地域を走行する東北・上越新幹線では、常に安全に走行できるよう、多くの工夫がなされています。例えば、大部分の線路は通常の砕石や砂利ではなく、コンクリートの床につくられています。また東北新幹線では、高架橋は線路に降った大量の雪を内部にためられる構造としたほか、鉄道の進行方向を切り替えるポイント（分岐器）には、凍結しないように温水を噴射して除雪する装置が設置されています。上越新幹線では、スプリンクラーで線路に散水して雪をとかしています。さらに東北・上越新幹線の車両には、速度を下げることなく線路の雪を排除しながら走れるように、列車の前頭部にスノープラウとよばれる排雪板を設備したほか、雪や石などが飛び散って車両が破壊されることを防止するために、車体の床下全体を鋼板で覆う構造を採用しています。さらに雪の重みでパンタグラフが下がらないように、車体から押し上げる力を強化してあります。

▲防雪柵と路肩を示す矢印(北海道 弟子屈町)

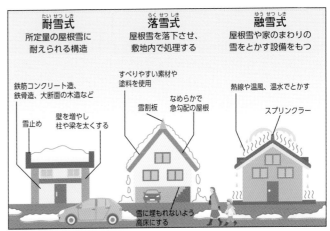

耐雪式	落雪式	融雪式
所定量の屋根雪に耐えられる構造	屋根雪を落下させ、敷地内で処理する	屋根雪や家のまわりの雪をとかす設備をもつ

鉄筋コンクリート造、鉄骨造、大断面の木造など
雪止め
壁を増やし柱や梁を太くする

すべりやすい素材や塗料を使用
雪割板
なめらかで急勾配の屋根
雪に埋もれないよう高床にする

熱線や温風、温水でとかす
スプリンクラー

▲さまざまな克雪住宅の例

生活面での工夫や身のまわりでできること

　日本で2021年11月～2022年4月に雪害で亡くなった人は、99人に達しますが、その死亡事故の大半が除雪作業中に起こっています。雪おろしをしなくてもよい住宅として、「克雪住宅」という名前でさまざまな住宅が考案されています。屋根の傾きを大きくして雪がすべりやすくするのも一つの方法ですが、この場合も屋根からの落雪事故の危険が高まったり、屋根から落とした雪をどう処理するかという問題がでてきたりしています。その他の家の工夫も、いずれも費用の負担が大きいという課題がありますが、最近は地球温暖化の問題もあって、自然エネルギーを活用した方式が注目されています。屋根を二重にして屋根雪の底面に通気をさせて雪をとかす、通気融雪工法屋根などもみられるようになりました。雪おろしをするときの注意事項としては、ヘルメットを着用する、崩れそうな建物には近づかない、できれば複数人で行うなどがあります。

　道路では、積雪があると転倒してけがをする人が続出します。例えば、2018年1月22日には東京都心で23cmの積雪が記録されましたが、気象庁によると、この雪で306人がけがにより救急車で病院に運ばれたとのことです。雪道を歩く際にはスパイクや金具つき、深い溝ややわらかいゴムなどの底のすべりにくい冬靴をはくことが望ましいですが、普通の靴でも転ばない工夫はできます。小さな歩幅で靴の裏全体を地面につけて、急がず焦らず余裕をもって歩くことが、転ばないコツとされています。

 ## 雪おろしへの対策

　雪害による犠牲者が減らない理由の一つに、雪国での人口の減少や高齢化の問題がある。住む人のいない空き家が増えて放置され、屋根からの落雪で通行人がけがをしたり、家が倒壊して周辺の住宅に被害が及んだりする例もある。もう一つの問題は、除雪作業の担い手の減少である。屋根に積もった雪は非常に重いため除雪作業は重労働で、これを高齢者が行うことは大変な負担となる。道路などの除雪を請け負う建設業者の数も減少していて、市町村の役場でも除雪業者の確保に頭を痛めている。このため雪国の市町村では、除雪のボランティアの受け入れを進めている。また「雪かき道場」の名前で除雪のノウハウを教えて、雪国以外からも除雪ボランティアを集める努力をしている団体もある。

▲雪おろしをするボランティアたち(新潟県 十日町市)

🔗 ここも見てみよう　地吹雪➡ p.31、33、防雪柵、防雪林➡ p.44用、スノーシェルター➡p.43用、なだれ➡ p.37

対策

雪から生まれたさまざまな暮らし

▲伝統的な小千谷ちぢみの雪さらし作業(新潟県 小千谷市)

雪国で発展した地場産業

　北陸地方の冬は長く、家も田畑も一面に雪に覆われます。そのため、冬の間は農作業をすることが難しく、田で米以外の作物をつくらない水田単作地域の多いことで知られています。そのかわり、北陸地方の農家では、雪に閉ざされる長い冬の間、家のなかで作業ができる織物や漆器、和紙、金物など、地域の特色を生かした工芸品をつくることがさかんになりました。

　器などにぬったうるしを乾燥させるときは、適度な湿気が必要となるため、雨や雪が多く湿度の高い北陸地方の気候は

▲北陸のおもな伝統的工芸品

0　50km

新潟・白根仏壇
越後三条打刃物
新潟
輪島塗
小千谷ちぢみ
金沢箔
石川
高岡漆器
十日町がすり
塩沢つむぎ
加賀友禅
高岡銅器
富山
山中漆器
九谷焼
加賀ぬい
越前漆器
福井
越前和紙

向いています。また、織物に使う糸も、湿度が高いと切れにくい特性があり、この地方の家内工業として発展しました。新潟県小千谷市とその周辺でつくられる麻織物は小千谷ちぢみとよばれ、1000年以上の古い歴史をもっています。小千谷ちぢみは、織物を雪の上にさらすことで生地が漂白され、織物に染めた模様がきれいに仕上がるのです。この作業は2月下旬頃に行われ、春の始まりをつげる風物詩になっています。

古くからある雪の利用

　豪雪地帯では、雪おろしや雪かきなどが、そこに住んでいる人々の大きな負担となってきました。しかしその一方で、雪は地域の生活を支える役割も果たしてきたのです。今ではスーパーマーケットでいつでも野菜を買うことができますが、冷蔵庫もなかった時代には、魚や野菜の保存などには雪が欠かせないものでした。冬に降った雪は「雪室」とよばれる施設に貯蔵され、夏でも0℃近い気温を保ち、乾燥を防ぐことができます。雪室は、食料の保存のほか、蚕の卵を人工的に冬眠させ、ふ化の時

▲雪中キャベツ収穫の様子（長野県 小谷村 2015年2月）

▲約1000tの雪で日本酒を貯蔵する雪室（新潟県 南魚沼市 2021年3月）

期を調整することにも使われました。最近では、電気を使わずに2～3℃の低温が保たれる雪室は、天然の冷蔵庫として見直されています。雪室を使って、花や野菜を貯蔵して出荷する時期をずらしたり、米や日本酒を保管しておいしさを引き出したりする取り組みも行われています。また、収穫した野菜を畑に積み重ねてわらやシートで覆い、その上に雪が降り積もって天然の雪室をつくる保存方法もとられています。保存される野菜には はくさい や だいこん などがありますが、にんじん やキャベツは地中に植えたまま、雪の下で育てて保存します。雪のなかで保存している間に繊維質が少しやわらかくなり、食感もよくなるため「雪下野菜」、「雪中野菜」として人気があります。

最近では、雪のもつ冷たさは「雪冷熱エネルギー」とよばれ、二酸化炭素を出さない自然エネルギーの一つとして注目されるようになりました。山間部で8m18cmという積雪の記録をもつ上越市では、この雪冷熱エネルギーを利用したさまざまな取り組みが進んでいます。市内の安塚中学校では、冬の間に数百tにもなる量の雪を貯雪庫とよばれる施設に運んで、夏まで貯蔵します。夏になると、貯雪庫の雪から生まれた冷たい空気を送風機で教室や職員室に送り、クーラーのかわりに利用しているのです。

雪を生かした観光

寒さの厳しい冬、北海道では年末年始などを除き、飛行機にも空席が目立つようになります。そこで、訪れる人が少ない冬に観光客をよび寄せようと、北海道の各地でさまざまなイベントが企画されてきました。冬には札幌市の「さっぽろ雪まつり」をはじめ、網走市で行われる「あばしりオホーツク流氷まつり」や上川町の「層雲峡温泉氷瀑まつり」など、雪や氷にかかわるイベントが北海道の各地で繰り広げられるのです。

雪にかかわる観光といえば、スキーがあげられます。豪雪地帯である北陸や長野県にも多くのスキー場がありますが、北海道のスキー場は、スキーに最適なパウダースノーとして人気があります。北海道では湿度が低く、降る雪も細かくてさらさらしたパウダースノーとなるのです。この雪質と雄大な風景を求めて、北海道には国内だけでなく海外からも、大勢の観光客が訪れます。特に、雪の降らない東南アジアや中国南部からの観光客のほか、南半球の人々にとって、自分たちの国が夏でも日本に行けばスキーが楽しめるため、オーストラリアなどからの観光客も増えています。雪は、北海道の観光になくてはならないものなのです。

▲スキー場付近の別荘地の外国人観光客（北海道 倶知安町 2016年3月）

ここも見てみよう 日本海側の大雪➡ p.6、33、北海道の大雪➡ p.32－33、35、ハルビンの雪氷祭、スキー➡ p.37

おわりに

　私たちが暮らす日本は、適度に暖かく、適度に雨が降る地域にあるため、美しく豊かな自然に恵まれています。山に目を向ければ、春の新緑や秋の紅葉など、四季折々の美しい景色を楽しむことができます。そして、山間には数多くのせせらぎをみることができます。また、海に目を向ければ、美しい砂浜が続く海岸、荒々しくも雄大な磯の風景などをながめることができます。

　昔から、日本人はこうした自然をたくみに利用してきました。稲の生育に適切な気温と降水のおかげで、米づくりの文化を育んできました。また、火山の周辺にわく温泉を病気やけがをなおす場として利用したりもしてきました。さらに、海は魚などの食料を得る場として重要であるだけでなく、海水浴やマリンスポーツの舞台としても活用されています。日本は世界のなかでも最も自然に恵まれ、自然とともに歩んできた国の一つといえるでしょう。

　しかし、自然は常におだやかで恵みだけをもたらすとは限りません。恵みの大地は思いもよらぬところで大地震を起こし、都市や建物を破壊することがあります。また、大きな地震は津波を引き起こし、多くの人命や財産をうばうこともあります。火山は噴火による火山灰を広範囲にまき散らし、溶岩や火砕流が近くの集落を飲みこんでしまうこともあります。ふだんは恵みの雨であっても、長時間同じ場所に降り続けることによって、洪水や土砂崩れなどを引き起こすこともあります。自然は恵みでもあり、おそれの対象でもあるのです。

　このように、私たちにとってかけがえのない自然は、「恵み」と「おそれ」の両面をもっており、それは人間の力の及ぶ範囲をはるかに超えています。そのため、ときとして大きな災害をもたらすことがあります。そのときに被害を最小限にくいとめられるよう、災害が起こるしくみを正しく理解し、防災への取り組みをふだんから心がけることは、とても大切です。そうすれば、いざというときに正しい判断と適切な行動によって、自分の命を守れるに違いありません。また、自然災害にあってしまった人たちを一人でも多く助けることができることでしょう。この本はそうした思いを込めて、災害が起こるしくみ、防災の取り組み、災害にあったときの心がまえをできるだけわかりやすくまとめました。

　読者のみなさんが将来にわたって、この本で学んだこと・感じたことを心に刻んでくれることを願っています。そして、万が一災害に巻き込まれたときに、この本に書かれていることを思い出して、困難を乗り越えてくれることを祈っています。

帝国書院編集部

■ 間伐

森林のうち一部の木を切ること。自然のままで放置していると森林全体にさまざまな問題が生じるので、作物での「間引き」や果樹の「剪定」と同じように、間伐によって森林を健全に育てることができる。また間伐によって切り出された木材は間伐材として流通する。そのため間伐材の利用は自然保護とは矛盾しないし、間伐材による収入が森林の保護・育成を経済的に支えることにもなる。

■ 寒冷前線

寒気団(低温で気圧の高い気団)が暖気団(相対的に高温で気圧の低い気団)よりも優勢で暖気団の下に流れこんでいるところ。前線に沿って雲が発生して雨・雪が降りやすくなり、雷や突風が発生することもある。寒冷前線が通過すると気温が下がり気圧が上がる。

■ 丘陵

山地と平野との中間の地形。日本の地形の基本的な分類は山地・丘陵・台地・低地であるが、丘陵は広い意味での「山地」に含まれることがあり、台地・低地と合わせて「平野」に含まれることもある。山地と同様に起伏があるが、標高は一般に山地より低い。また、山地とは違って、丘陵の多くは侵食される前(180万年前〜13万年前)には平坦だったので、今でも標高はほぼ同じで、遠くから見るとだいたい横一直線に並んでいるようにみえる。

■ 砂防えん堤

土石流などの土砂災害を防ぐための施設で、河川の上流につくられる。大雨による山崩れなどで、上流から大量に流れ下る土砂や岩などを一時的にせき止め、何年もかけて少しずつ下流に流すはたらきをする。土石流が発生したときにも、土砂をくいとめて水の流れを弱め、下流に被害が出ることを防ぐ。

■ 山地、山脈

標高が高く起伏のある地形で、その成因や形はさまざまである。山地のうち、線状に山がつらなっているものを山脈とよび、山脈を除いた狭い意味で「山地」が使われることもある。日本の場合、個別の名称では山地か山脈かが決められていて、地図帳などで確認できる。ただし英語などでは山地・山脈という用語の使い分けははっきりしていない。

■ 地すべり

ゆるい傾斜の土地で、長雨や雪どけによって地下水がいっぱいにたまり、その地下水と重力によって広範囲の土地(土のかたまり)がゆっくりと下に向かって移動すること。地すべりが起こる原因は複雑であるが、特定の地質的条件(その土地の岩石や土の種類など)も関係しているので、地すべりが起こりやすい地域は明らかになっている。地震や火山噴火などがきっかけとなって起こることもあり、海に大量の土砂が流れ込むと津波を発生させることもある。

■ 植林

人間が苗を植えて木を育てること。土地利用の転換や伐採、火災などによって森林が減少している土地において、森林を再生する森林保護の取り組みとして行われることが多い。森林の大きな役割の一つに、水資源の保全や土砂災害の防止がある。日本では、森林の伐採により大雨の際に土石流や山崩れが起きやすくなっており、その防止策として植林を行い、長い年月をかけて森林を再生させる試みが行われている。

■ シラス台地

シラスからなる九州南部(鹿児島県〜宮崎県南西部)の台地。シラスとは、姶良カルデラ(鹿児島湾の北部にあたる)で発生した3万年前の大規模火砕流による火山灰などの噴出物で、厚さは100m以上に達する所もある。シラスの上の地表にはその後の桜島・開聞岳・霧島山などの噴火による火山灰が堆積している。水を通しやすいため農業には向いていない土地であったが、かんがい設備を整えるなど農地開発が進められ、笠野原台地(鹿児島県)

の事例などが知られている。

■ スノーシェルター

吹雪などによる雪害を防ぐために道路などを覆う防護施設。金属製またはコンクリート製で、半円形の屋根でトンネルの形をしたものが多く、走行する車両にとってはトンネルを通っているのとほぼ同じであるが、トンネルと違って外から日光が差しこむすきまがある。これに似たものに、片側が崖・斜面になっていてそこから張り出した片屋根で道路を覆うスノーシェッドという施設がある。

■ スノーネット

なだれを防ぐための防護施設の一つ。柱を並べてその間に網を張ってある。網越しに向こう側の景色が見える、網がたわんで柔軟になだれをくいとめることができる、軽いので急斜面でも工事がしやすい、などの利点がある。

■ 積乱雲

大気圏の下層にある積雲が急速に上空へ向かって発達した雲で、通称は「入道雲」。最上部が大気圏の上端に達して横に広がると「かなとこ雲」となる。夕立やひょうを降らせ、雷・竜巻・ダウンバーストを発生させる。

■ 脊梁山脈

「脊梁」は背骨のことで、本州の場合には奥羽山脈から越後山脈、飛騨山脈などを経て中国山地に至る山地をさす。日本海側と太平洋側との気候の違いを季節風との関係から説明するときに使われることが多い。

■ 台地

日本の台地は13万年前〜1万年前にできた平坦な土地(当時の低地)が隆起してできたもので、低地とともに平野を構成する。広義にはもっと古いものや、火山からの溶岩でできたものも含まれることがある。ほぼ平坦であるが、河川の侵食による小規模な谷や、河岸段丘・海岸段丘などによる高低差とそれに伴う崖もみら

れる。土地利用は畑作が中心であったが、都市化が進行し、住宅地や商業地になっているところが多い。

■ ダウンバースト

積乱雲から下に向かう激しい突風。積乱雲のなかでの水滴の落下や温度の低下によって起こる。「バースト」は「破裂」という意味である。この突風が地上に達すると水平方向に向かって面的に広がり、航空機事故(墜落や着陸失敗)や建物の倒壊、倒木などの被害が生じる。

■ 棚田

傾斜地に階段状につくられた水田で、平地の少ない山地や島に多い。畑の場合には段々畑とよばれる。多くの労力を要することや生産性が低いことなどの技術的・経済的に不利な条件のために減ってきているが、伝統的な土地利用景観としてだけではなく、防災上の役割も重視して保存する動きもある。東アジア・東南アジア各地にもあり、世界文化遺産に登録されているところもある。

■ 低地

日本の低地は1万年前～現在の間にできた平坦な土地で、台地とともに平野を構成する。河川・海の堆積作用によってできたもので、沖積低地・沖積平野とよばれることもある。谷底平野、扇状地、氾濫原、三角州、海岸平野がある。伝統的な土地利用は水田であったが、都市化が進行しているところが多い。

■ 土石流

山地のなかの谷(川底)にある多量の岩石や土砂が、集中豪雨などによって水と混ざり、速い速度(時速20 ～ 40km)で急激に下流に押し流されること。昔は山津波とよばれていた。大量の土砂が海に流れ込み、津波を引き起こすこともある。土砂をくいとめるための砂防えん堤の建設などの対策が進められているが、毎年のように発生している。

■ 日本アルプス

本州中央部の飛騨山脈(北アルプス)、木曽山脈(中央アルプス)、赤石山脈(南アルプス)の総称。標高3000m級の高山が連なり、二つの国立公園(中部山岳、南アルプス)がある。「アルプス」というよび方は明治初期にイギリス人鉱山技師ガウランドが飛騨山脈を「アルプス」と表現したのが最初で、その後イギリス人宣教師・登山家のウェストンが三つの山脈の総称とした。さらに登山家小島烏水が各山脈をそれぞれ北アルプス・中央アルプス・南アルプスと名づけた。

■ 爆弾低気圧

「急速に発達する低気圧」(中心気圧が24時間で約18ヘクトパスカル以上低下する低気圧)の通称。冬から春にかけて発生することが多く、暴風雨・暴風雪・高波などによる被害が発生する。台風と似ているが、急速に発達するので台風よりも予測と対策が難しい。

■ ハザードマップ

災害による被害を最小限におさえるために、災害が起こった場合に予想される被害を示すことが基本で、さらに避難経路・避難場所などがわかるように作成された地図。「ハザード」とは災害を意味する言葉で、水害、地震・津波、火山噴火などさまざまな自然災害について、多くの地方自治体(都道府県・市町村)が作成している。

■ 平野

起伏の少ない低地。日本の地形の基本的な分類のうちの台地・低地にあたり、平野によって台地・低地の占める割合は異なる。平野には侵食平野と堆積平野があるが、日本の平野のほとんどは堆積平野である。なお、多摩丘陵や魚沼丘陵がそれぞれ関東平野・越後平野に含めて扱われることがあるように、広い意味では丘陵も含むことがある。

■ 防雪柵、防雪林

防雪柵は、何段かの金属板を横に重ねたフェンス状のもので、鉄道をはじめ道路や集落などを吹雪から守るためにつくられる。防雪林は、同じ目的で季節風の向きに合わせて、おもに針葉樹を北西側に並木のように列状に植えることが多い。

■ 盆地

周囲を相対的に標高の高い山地・丘陵に囲まれた凹地。日本の地形の基本的な分類に「盆地」という分類はなく、盆地は台地・低地に相当し、その意味では平野に含まれる。河岸段丘や扇状地があることも台地・低地と同じである。

■ 盛り土

土を盛ることで平らな土地を周囲よりも高くしたり、斜面やくぼ地を平坦にしたりすること。住宅地の造成では、斜面に盛り土をして平らにしたところに住宅を建設することが多い。土砂を積み上げただけでは地盤沈下や大雨による土砂災害、地震による液状化の危険があるため、地盤改良工事などが必要である。

■ 漏斗状

漏斗はびんなど口の小さな容器に液体を注ぐのに使う、あさがお型の道具で「じょうご」ともいう。その形に似ている様子。

さくいん

さくいん

わかる！ 取り組む！
新・災害と防災

全5巻

①基礎②事例③対策の3段階で、自然災害の発生のしくみから被害、取り組みまでを体系的に整理！
読者が自然災害を正しく理解し、「自分ごと」としてとらえて備えられるように構成しました。

1巻 地震

掲載事例：熊本地震、阪神・淡路大震災、関東大震災、北海道胆振東部地震など

2巻 津波

掲載事例：東日本大震災、南海トラフ地震による津波（シミュレーション含む）

3巻 火山

掲載事例：雲仙普賢岳、御嶽山、桜島、有珠山、富士山など

4巻 豪雨・台風

掲載事例：平成30年7月豪雨、令和元年東日本台風、鬼怒川水害、伊勢湾台風など

5巻 土砂災害・竜巻・豪雪

掲載裏例：広島土砂災害、荒砥沢地すべり、つくば市の竜巻、2022年札幌大雪など

- 5巻セット（分売可）
  17,600円（本体16,000円＋税）
- 各巻
  3,520円（本体3,200円＋税）
- AB判
- 平均56ページ

執　筆 ● 久保　純子 (早稲田大学 教授)
（執筆順）
　　　　　宇根　寛 (元 国土交通省国土地理院 / 地理地殻活動研究センター センター長)
　　　　　坪木　和久 (名古屋大学/横浜国立大学 教授)
　　　　　西村　浩一 (名古屋大学 名誉教授)

アクティビティ
監修 ● 矢守　克也 (京都大学 教授)

写真・
資料提供 ● 朝日新聞社／アフロ／宇宙航空研究開発機構 (JAXA)／神奈川県葉山町／気象庁／共同通信イメージズ／国土交通省／国土地理院／越谷市消防署／Cynet Photo／
　　　　　札幌管区気象台／産業経済新聞社／時事通信フォト／静岡放送／高橋悦子／東海大学情報技術センター (TRIC)／中谷宇吉郎記念財団／日本農業新聞／PIXTA／広島市／
　　　　　毎日新聞社

　　　　　p.13「体験者の声」:『広島豪雨災害　体験談集』、公益社団法人 砂防学会、2015 より一部を転載
　　　　　p.27「ドップラーレーダーがとらえた豊橋市の竜巻をもたらしたスーパーセル」:坪木和久ほか「台風 9918 号外縁部で発生した 1999 年 9 月 24 日の東海地方の竜巻とメソサ
　　　　　イクロン」より「第 3 図 (a)」、「天気」第 47 巻 11 号 {777－783}、公益社団法人 日本気象学会、2000
　　　　　p.35「関東・甲信地方の積雪深分布図」:伊豫部 勉ほか「2014 年 2 月関東甲信大雪における詳細な積雪深分布の特徴」より「2014 年 2 月 15 日の関東甲信地方の積雪深
　　　　　分布図」、「雪氷」第 77 巻 5 号 {411－419}、公益社団法人 日本雪氷学会、2015
　　　　　p.35「体験者の声」:山口 博史「2014 年 2 月 山梨県豪雪被害と地域社会の対応」、『都留文科大学研究紀要』第 82 集、2015 より一部を転載
　　　　　p.20-21 の「クロスロード」は、チーム・クロスロードの著作物で、登録商標です。「クロスロード」:商標登録番号 4916923 号、「CROSSROAD」:同 4916924 号。詳しく
　　　　　は、矢守克也・吉川肇子・網代剛『防災ゲームで学ぶリスク・コミュニケーション:クロスロードへの招待』(ナカニシヤ出版) などを参照ください。

制作協力 ● 株式会社エディット

　　　　　この本はおもに 2023 年 12 月現在の情報で作成しています。

わかる！　取り組む！
新・災害と防災
5 土砂災害・竜巻・豪雪

2024年 2 月 5 日　印刷
2024年 2 月10日　初版第 1 刷発行

編集者　帝国書院編集部
発行者　株式会社　帝国書院
　　　　代表者　佐藤　清
　　　　〒101-0051　東京都千代田区神田神保町3-29
　　　　電話03 (3262) 4795 (代)
　　　　振替口座　00180-7-67014
　　　　URL　https://www.teikokushoin.co.jp/
印刷者　小宮山印刷株式会社
©Teikoku-Shoin Co., Ltd.2024 Printed in Japan
ISBN　978-4-8071-6703-6　C8325
乱丁、落丁がありましたら、お取り替えいたします。